초등 수학 문제 풀이 식(式) 쓰기

3-1

서울대 선배들의 똑똑필사
초등 수학 문제 풀이 식® 쓰기 3-1

지은이 이윤원
펴낸이 정규도
펴낸곳 (주)다락원

초판 1쇄 발행 2025년 7월 30일

기획 권혁주, 김태광
편집 이후춘, 김효은, 박소영

디자인 하태호, 김희정
필사 김태림, 안혜주, 최수빈

다락원 경기도 파주시 문발로 211
내용문의: (02)736-2031 내선 291~296
구입문의: (02)736-2031 내선 250~252
Fax: (02)732-2037
출판등록 1977년 9월 16일 제406-2008-000007호

Copyright © 2025, 이윤원

저자 및 출판사의 허락 없이 이 책의 일부 또는 전부를 무단 복제·전재·발췌할 수 없습니다. 구입 후 철회는 회사 내규에 부합하는 경우에 가능하므로 구입 문의처에 문의하시기 바랍니다. 분실·파손 등에 따른 소비자 피해에 대해서는 공정거래위원회에서 고시한 소비자 분쟁 해결 기준에 따라 보상 가능합니다. 잘못된 책은 바꿔 드립니다.

ISBN 978-89-277-7533-1   63410

http://www.darakwon.co.kr
- 다락원 홈페이지를 방문하시면 상세한 출판 정보와 함께 동영상 강좌, MP3 자료 등 다양한 어학 정보를 얻으실 수 있습니다.

똑바로 따라 쓰며 똑똑히 푸는

서울대 선배들의 똑똑필사

2022 개정 교육과정 반영

초등 수학 문제 풀이 식(式) 쓰기

이윤원 저

3-1

다락원

머리말

"식을 써야 실력이 쌓인다!"

수학을 감으로 풀고 있지 않나요?
식을 쓰지 않고 머릿속으로만 계산해서
수학 문제를 풀다 보면 계산 실수를 계속하고,
어려운 문제에는 쉽게 접근하지 못하게 됩니다.
그러다 보면 정확한 풀이는 모른 채
어영부영 넘어가게 됩니다.

더 큰 문제는 중·고등학교에 진학하면
훨씬 복잡하고 긴 식을 쓰면서
수학 문제를 풀어야 한다는 점입니다.
초등학교 때부터 식을 쓰는 습관이 잡혀 있지 않으면
수학 문제를 풀 때마다 어려움을 겪으며
결국 중·고등 수학의 식 풀이에 높은 벽을 느끼게 될 것입니다.

그래서 많은 학부모님과 선생님들께서
풀이 과정에 따라 식을 써서 정확히 풀도록 지도하시지만
학생들이 귀찮다며 잘 따르지 않거나
식을 어떻게 써야 할지 몰라
대충 넘어가는 경우가 많습니다.

이 책은 단순히 정답을 찾는 데 그치지 않고,
서울대 선배들의 풀이 과정을 또박또박 따라 적어 보면서
문제를 어떤 식으로 정리하고 풀어야 할지를 익히고,
그 과정을 통해 풀이의 완성도를 높일 수 있도록 도와줍니다.

처음에는 어색하겠지만
이 책을 통해 식 쓰기 연습을 하다 보면
어느새 풀이 과정을 정확히 쓰면서
자연스레 문제를 풀고 있는 자신을 발견하게 될 겁니다.

서울대 선배들의 한마디

김 태 림 (서울대 경영학과 25학번)

안녕하세요. 서울대 경영학과에 재학 중인 김태림입니다.
수학이 처음에는 어려울 수 있지만, 차근차근 풀이 과정을 적는 연습을 하다 보면 생각이 정리되고 실력이 금방 늘어요! 이 책은 풀이 과정을 직접 따라 적으면서 문제 푸는 방법을 학습할 수 있어요. 처음에는 풀이 과정을 꼼꼼하게 적는 게 어렵게 느껴질 수 있지만, 이 책으로 반복해서 연습하면 곧 익숙해지고, 수학이 재미있어질 거예요. 문제를 풀다가 막히더라도 포기하지 말고 다시 도전해 보세요. 꾸준히 노력한다면 실력도 늘고 자신감도 더 생길 거예요. 언제나 응원합니다.

안 혜 주 (서울대 자유전공학부 25학번)

안녕하세요. 서울대학교 자유전공학부에 재학 중인 안혜주입니다. 저는 또래에 비해 수학학원에 늦게 다니기 시작했고 혼자 공부하다 보니 부족한 부분이 많았습니다. 특히 서술형 문제에서 그러한 갈증을 많이 느꼈습니다. 대학생이 된 지금도 간결하고 좋은 풀이를 스스로 쓰기란 참 어렵다고 느낍니다. 그렇기에 좋은 풀이를 쓸 수 있도록 도와주는 이 책이 여러분에게 큰 도움이 될 것이라 생각합니다. 이 책과 함께 기초를 다지며 수학에 흥미를 붙일 수 있길 바랍니다.:)

최 수 빈 (서울대 인류학과 23학번)

안녕하세요. 서울대학교 인류학과 최수빈입니다.
우선 이 책을 공부하게 된 여러분 모두를 진심으로 응원합니다! 수학을 필사하는 교재는 처음이라 조금 낯설 수 있지만, 한 글자 한 글자 정성스럽게 써 내려가다 보면 어느새 수학적 풀이를 스스로 할 수 있게 될 거예요. 중요한 건 빨리 푸는 게 아니라 이해하며 풀기! 풀이를 따라 써 보고 빈칸을 채워가며 수학의 원리를 하나씩 익혀보세요. 여러분의 멋진 도전을 늘 응원합니다. :)
[선배의 팁] 모를 수 있어요. 중요한 건 궁금해하고, 끝까지 해보려는 마음입니다. 모를 때는 천천히 하나씩 해봐요!

9주 완성 습관 형성 챌린지

자신의 실력에 맞게 목표를 세워 공부하면 식 쓰기 습관을 형성할 수 있습니다.
공부한 날짜를 적고 매일 공부하는 습관을 길러 보세요. 하루에 한 문제, 십 분만 해도 괜찮아요! 매일 꾸준히 공부하는 습관이 중요해요. 조금씩 실력을 쌓아가면 수학 문제에 자신감도 생기고 생각하는 힘도 쑥쑥 자랄 거예요. 공부하는 습관을 기르는 게 실력 향상의 비법이에요!

1주차 — 1. 덧셈과 뺄셈 STEP 1, STEP 2

~ 쪽	~ 쪽	~ 쪽	~ 쪽	~ 쪽
월 일	월 일	월 일	월 일	월 일

2주차 — 1. 덧셈과 뺄셈 STEP 3, 2. 평면도형 STEP 1

~ 쪽	~ 쪽	~ 쪽	~ 쪽	~ 쪽
월 일	월 일	월 일	월 일	월 일

3주차 — 2. 평면도형 STEP 2, STEP 3

~ 쪽	~ 쪽	~ 쪽	~ 쪽	~ 쪽
월 일	월 일	월 일	월 일	월 일

4주차 — 3. 나눗셈 STEP 1, STEP 2

~ 쪽	~ 쪽	~ 쪽	~ 쪽	~ 쪽
월 일	월 일	월 일	월 일	월 일

	3. 나눗셈 STEP 3　　4. 곱셈 STEP 1				
5주차	~　　쪽 월　　일	~　　쪽 월　　일	~　　쪽 월　　일	~　　쪽 월　　일	~　　쪽 월　　일
	4. 곱셈 STEP 2　　STEP 3				
6주차	~　　쪽 월　　일	~　　쪽 월　　일	~　　쪽 월　　일	~　　쪽 월　　일	~　　쪽 월　　일
	5. 길이와 시간 STEP 1　　STEP 2				
7주차	~　　쪽 월　　일	~　　쪽 월　　일	~　　쪽 월　　일	~　　쪽 월　　일	~　　쪽 월　　일
	5. 길이와 시간 STEP 3　　6. 분수와 소수 STEP 1				
8주차	~　　쪽 월　　일	~　　쪽 월　　일	~　　쪽 월　　일	~　　쪽 월　　일	~　　쪽 월　　일
	6. 분수와 소수 STEP 2　　STEP 3				
9주차	~　　쪽 월　　일	~　　쪽 월　　일	~　　쪽 월　　일	~　　쪽 월　　일	~　　쪽 월　　일

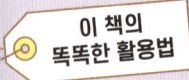

정확히 식을 쓰면서 문제를 푸는 습관!

수학 문제를 풀 때 단계별로 식을 정확히 쓰면서 푸는 연습은 반드시 필요해요.
이 책은 문제의 풀이 과정을 직접 따라 쓰면서 스스로 식을 쓰는 방법을 익힐 수 있도록 했어요.
서울대 선배들이 손글씨로 쓴 풀이 과정을 직접 따라 쓰면서 식을 세워 문제를 풀어 나가는 습관을 기르면 어떤 문제든 스스로 풀이 과정을 만들어 해결할 수 있다는 자신감이 생길 거예요.

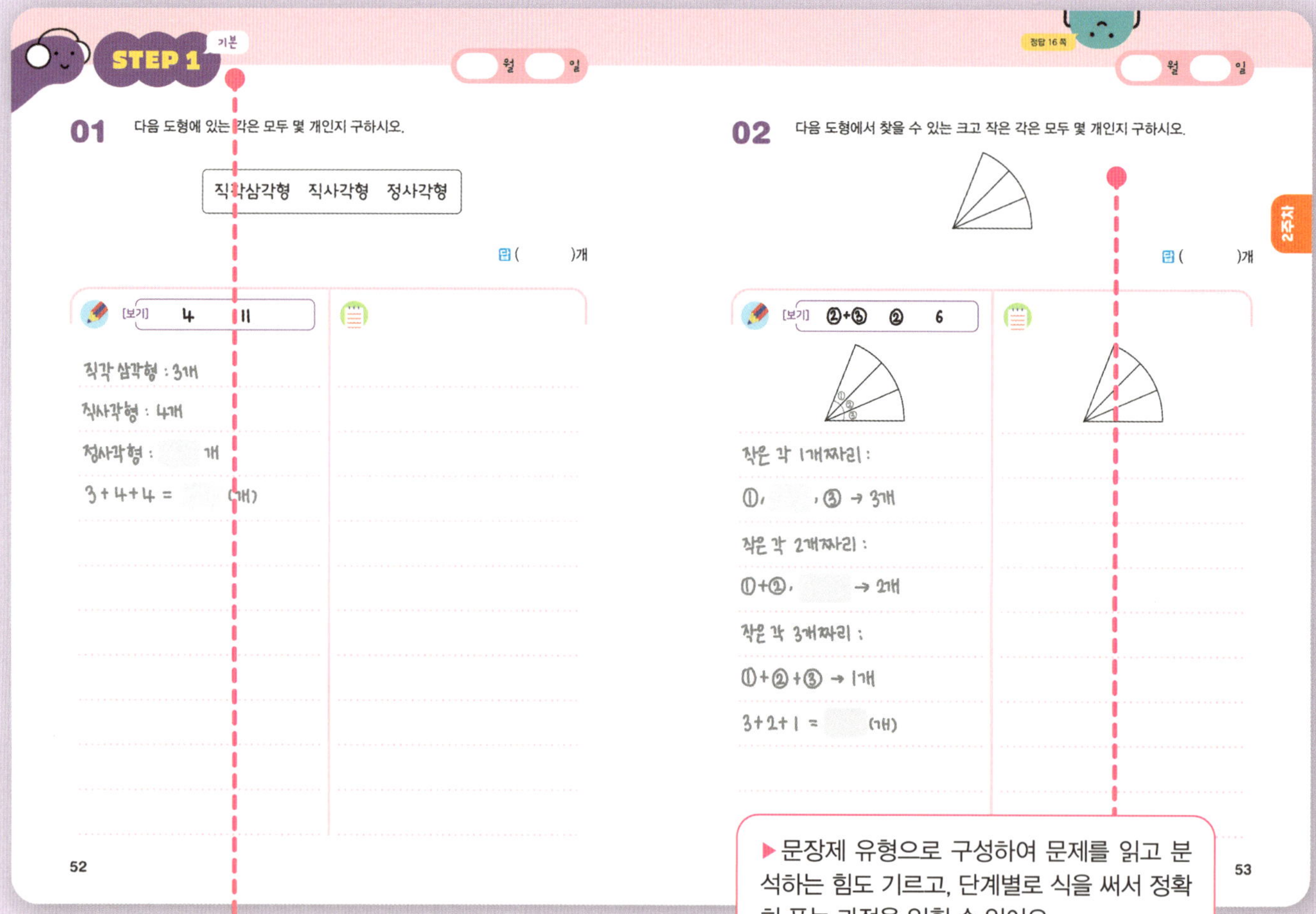

▶ 기본, 응용, 심화 수준의 문제를 하나의 STEP에 모두 제공하여 다양한 난이도를 함께 공부할 수 있어요.

▶ STEP1, STEP2, STEP3로 충분히 반복 학습할 수 있도록 하여 완벽하게 마스터할 수 있어요.

▶ 문장제 유형으로 구성하여 문제를 읽고 분석하는 힘도 기르고, 단계별로 식을 써서 정확히 푸는 과정을 익힐 수 있어요.

▶ '빠르게 확인하는 정답'과 풀이를 분권으로 제공하여 편하게 확인하고 학습할 수 있어요.

직접 쓴 손글씨를 따라 쓰면서 풀이식의 과정을 완벽하게 이해!

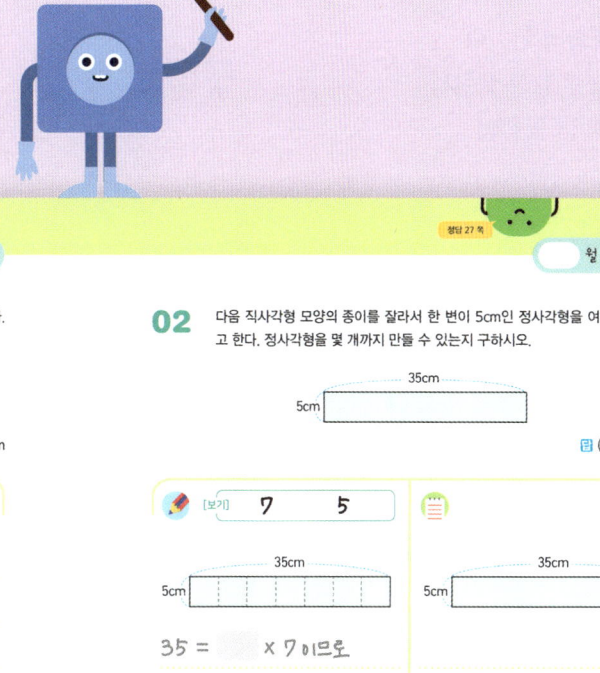

▶ 서울대 선배들의 풀이 과정을 직접 따라 써 보세요. 왜 이런 풀이 과정인지 생각하고 이해하면서 쓰는 것이 중요해요.
▶ 빈칸에는 [보기]에서 알맞은 답을 골라 서울대 선배들의 풀이 과정 가이드라인을 따라 써 보세요.

▶ 빈 공간에 다시 한번 풀이 과정을 직접 쓰면서 왜 이렇게 푸는지 생각해 보고 식을 어떻게 써야 하는지 익히세요.

차례

- 머리말
- 서울대 선배들의 한마디
- 9주 완성 습관 형성 챌린지
- 이 책의 똑똑한 활용법

1 덧셈과 뺄셈
- STEP 1 — 014쪽
- STEP 2 — 028쪽
- STEP 3 — 042쪽

2 평면도형
- STEP 1 — 052쪽
- STEP 2 — 066쪽
- STEP 3 — 080쪽

3 나눗셈
- STEP 1 — 090쪽
- STEP 2 — 104쪽
- STEP 3 — 118쪽

[별책부록] **정답 및 풀이**

4 곱셈
- STEP 1 — 128쪽
- STEP 2 — 142쪽
- STEP 3 — 156쪽

5 길이와 시간
- STEP 1 — 166쪽
- STEP 2 — 180쪽
- STEP 3 — 194쪽

6 분수와 소수
- STEP 1 — 204쪽
- STEP 2 — 218쪽
- STEP 3 — 232쪽

[별책부록] **정답 및 풀이**

1 덧셈과 뺄셈

STEP 1 기본

01 영화관에 입장한 사람이 어제는 425명이고, 오늘은 573명이다. 어제와 오늘 영화관에 입장한 사람은 모두 몇 명인지 구하시오.

답 (　　　　)명

[보기]　573　998

어제와 오늘 입장한 사람 수
= 425 + ☐
= ☐ (명)

02 민아네 학교에 꽃을 심었다. 운동장에 124송이를 심고, 강당에 163송이를 심었더니 112송이가 남았다. 처음에 준비했던 꽃은 모두 몇 송이인지 구하시오.

답 (　　　)송이

[보기]　112　287　399

운동장과 강당에 심은 꽃의 수
= 124 + 163
= ☐ (송이)

처음에 준비했던 꽃의 수
= 287 + ☐
= ☐ (송이)

03 가장 큰 수와 가장 작은 수의 합은 얼마인지 구하시오.

312   509   427

답 (   )

[보기]   821   509

509 > 427 > 312

가장 큰 수 :

가장 작은 수 : 312

509 + 312 =

04 □ 안에 알맞은 수를 구하시오.

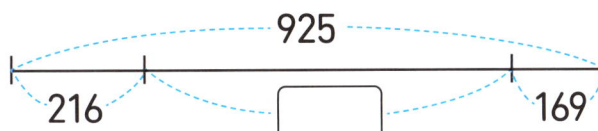

답 (   )

[보기] 169   540   709

$925 - 216 - \boxed{}$
$= \boxed{} - 169$
$= \boxed{}$

05 □ 안에 알맞은 수를 구하시오.

$$968 - 124 = 223 + \square$$

답 (   )

[보기] 223   621   844

$968 - 124 = 223 + \square$

☐ $= 223 + \square$

$\square = 844 - $ ☐

$= $ ☐

06

수 카드 1, 7, 3 을 한 번씩만 사용하여 세 자리 수를 만들려고 한다. 만들 수 있는 가장 큰 수와 가장 작은 수의 합은 얼마인지 구하시오.

답 (   )

[보기]   731   868

7 > 3 > 1

만들수 있는 세자리 수 중에서

가장 큰 수 :

가장 작은 수 : 137

731 + 137 =

07 어떤 수에서 347을 빼야 할 것을 잘못하여 374를 뺐더니 237이 되었다. 바르게 계산하면 얼마인지 구하시오.

답 (   )

[보기] 264   374   611

어떤 수를 □라 하면

□ − 374 = 237

□ = 237 +

   = 611

바르게 계산하면

☐ − 347 = ☐

08 어떤 세 자리 수의 백의 자리 수와 십의 자리 수를 바꾼 수에 197을 더했더니 658이 되었다. 처음 세 자리 수를 구하시오.

답 (   )

[보기] 641   197   461

어떤 세 자리 수의
백의 자리 수와 십의 자리 수를
바꾼 수를 □라 하면
□ + 197 = 658
□ = 658 −
   = 461
   의 백의 자리 수와
십의 자리 수를 바꾸면
처음 세 자리 수 :

STEP 1 응용

09 수 카드 5, 1, 0, 7, 2 중에서 3장을 뽑아 한 번씩만 사용하여 세 자리 수를 만들려고 한다. 만들 수 있는 두 번째로 큰 수와 세 번째로 작은 수의 차는 얼마인지 구하시오.

답 (   )

[보기] 105 644 751

7 > 5 > 2 > 1 > 0

만들 수 있는 세 자리 수 중에서

가장 큰 수 : 752

두 번째로 큰 수 :

가장 작은 수 : 102

두 번째로 작은 수 :

세 번째로 작은 수 : 107

751 − 107 =

10 기호 ◎에 대하여 ㉠◎㉡ = ㉡ + ㉡ − ㉠이라고 약속할 때, □ 안에 알맞은 수를 구하시오.

$$□◎318=676◎429$$

답 (   )

 [보기] 454   318   858

□ ◎ 318

= ☐ + 318 − □

= 636 − □

676 ◎ 429

= 429 + 429 − 676

= ☐ − 676

= 182

636 − □ = 182

□ = 636 − 182

= ☐

STEP 1 심화

11 길이가 274cm인 종이 3장을 같은 길이만큼 겹치게 이어 붙였다. 이어 붙인 종이의 전체 길이가 642cm일 때, 겹쳐진 한 부분의 길이는 몇 cm인지 구하시오.

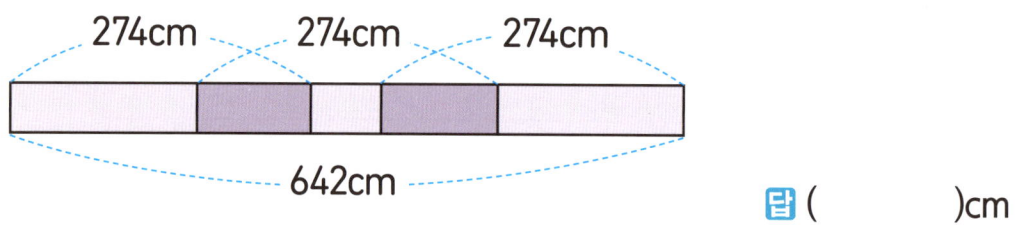

답 (　　　)cm

[보기] 642　90　548

종이 3장의 길이의 합
= 274 + 274 + 274
= 548 + 274
= 822 (cm)

겹쳐진 부분의 길이의 합
= 822 - 642
= 180 (cm)

겹쳐진 부분의 수 : 2군데

180 = 90 + 90 이므로

겹쳐진 한 부분의 길이 : 90 cm

12   □ 안에 들어갈 수 있는 세 자리 수 중에서 가장 작은 수는 얼마인지 구하시오.

$$□ + 276 > 521$$

답 (   )

 [보기] 245   246   276

□ + 276 = 521일 때

□ = 521 −

   = 245

□ + 276은 521보다

커야 하므로

□ 안에는  보다

큰 수가 들어가야 한다.

□ 안에 들어갈 수 있는

세 자리수 중에서 가장 작은 수:

STEP 1 심화

13 0부터 9까지의 수 중에서 □ 안에 들어갈 수 있는 가장 작은 수를 구하시오.

$$952-376 < 8\square1-255$$

답 (   )

[보기] 4   576   831

952-376 = 576이므로

576 < 8□1 - 255

576 = 8□1 - 255일 때

8□1 =   + 255

　　 = 831

8□1 - 255 는 576보다

커야 하므로

8□1은   보다 커야 한다.

□ 안에 들어갈 수 있는

가장 작은 수 :

14
연속한 두 수가 있다. 이 두 수의 합이 599일 때, 두 수 중에서 큰 수를 구하시오.

답 (　　　　　)

[보기] **300   작은   큰**

연속한 두 수에서

 수를 ㅁ라 하면

 수는 (ㅁ-1)이다.

두 수의 합이 599이므로

ㅁ + (ㅁ-1) = 599

ㅁ + ㅁ = 599 + 1

= 600

600 = 300 + 300 이므로

ㅁ = 300

두 수 중에서 큰 수 :

STEP 2 기본

01 수호네 농장에서 감자를 작년에는 409개 수확했고, 올해는 작년보다 385개 더 많이 수확했다. 수호네 농장에서 올해 수확한 감자는 몇 개인지 구하시오.

답 ( )개

[보기] 794   409

올해 수확한 감자의 수
= ☐ + 385
= ☐ (개)

02 다음 삼각형의 세 변의 길이의 합은 몇 cm인지 구하시오.

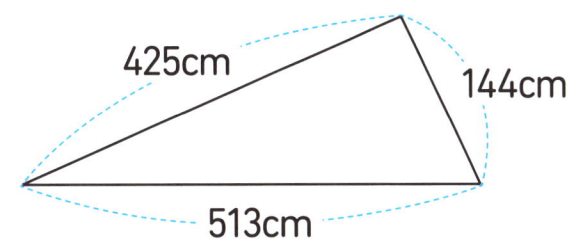

답 (　　　)cm

[보기]　144　　569　　1082

삼각형 세 변의 길이의 합

= 425 + ☐ + 513

= ☐ + 513

= ☐ (cm)

03 □ 안에 들어갈 수 있는 세 자리 수 중에서 가장 큰 수는 얼마인지 구하시오.

$$734 + 156 > \square$$

답 (   )

[보기] 889   890

734 + 156 = ☐ 이므로

890 > □

□ 안에 들어갈 수 있는

세 자리 수 중에서 가장 큰 수 :

04 종이 2장을 115cm가 겹치게 이어 붙였다. 이어 붙인 종이의 전체 길이는 몇 cm인지 구하시오.

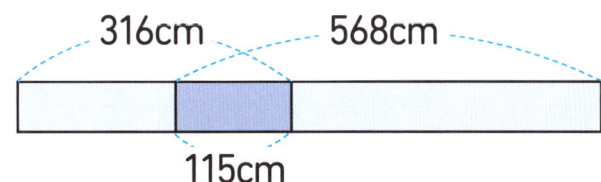

답 ( )cm

[보기] 769　115　884

이어 붙인 종이의 전체 길이
= 316 + 568 − ▢
= ▢ − 115
= ▢ (cm)

05 □ 안에 알맞은 수를 구하시오.

$$□ - 143 = 155 + 410$$

답 (   )

[보기] 143   708   565

□ − 143 = 155 + 410

□ − 143 =

□ = 565 +

  =

06 수 카드 4, 1, 0, 9 중에서 3장을 뽑아 한 번씩만 사용하여 세 자리 수를 만들려고 한다. 만들 수 있는 가장 큰 수와 가장 작은 수의 차는 얼마인지 구하시오.

답 (   )

[보기]   104   837

9 > 4 > 1 > 0

만들 수 있는 세 자리 수 중에서

가장 큰 수 : 941

가장 작은 수 :

941 - 104 =

07 617에 어떤 수를 더해야 할 것을 잘못하여 뺐더니 158이 되었다. 바르게 계산하면 얼마인지 구하시오.

답 (   )

[보기]   459   617   1076

어떤 수를 □라 하면

617 - □ = 158

□ =   - 158

  = 459

바르게 계산하면

617 +   =

08 어떤 세 자리 수의 십의 자리 수와 일의 자리 수를 바꾼 수에서 672를 뺐더니 158이 되었다. 처음 세 자리 수를 구하시오.

답 (   )

[보기] 803   672   830

어떤 세 자리 수의

십의 자리 수와 일의 자리 수를

바꾼 수를 □라 하면

□ - 672 = 158

□ = 158 + 672

　 = 830

830 의 십의 자리 수와

일의 자리 수를 바꾸면

처음 세 자리 수 : 803

STEP 2 응용

09 수 카드 1, 0, 3, 9, 6 중에서 3장을 뽑아 한 번씩만 사용하여 세 자리 수를 만들려고 한다. 만들 수 있는 세 번째로 큰 수와 두 번째로 작은 수의 차는 얼마인지 구하시오.

답 (   )

[보기]   106   961   854

9 > 6 > 3 > 1 > 0

만들 수 있는 세 자리 수 중에서

가장 큰 수 : 963

두 번째로 큰 수 :

세 번째로 큰 수 : 960

가장 작은 수 : 103

두 번째로 작은 수 :

960 - 106 =

10 기호 ◎에 대하여 ㉠◎㉡ = ㉠ + ㉠ − ㉡이라고 약속할 때, □ 안에 알맞은 수를 구하시오.

$$314 ◎ 169 = 455 ◎ □$$

답 (   )

[보기] 451   455   314

314 ◎ 169
= 314 + ☐ − 169
= 628 − 169
= 459

455 ◎ □
= ☐ + 455 − □
= 910 − □

459 = 910 − □

□ = 910 − 459
= ☐

 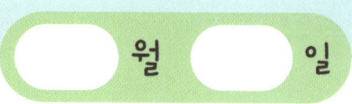

11 길이가 각각 208cm, 315cm, 413cm인 종이 3장을 같은 길이만큼 겹치게 이어 붙였다. 이어 붙인 종이의 전체 길이가 836cm일 때, 겹쳐진 한 부분의 길이는 몇 cm인지 구하시오.

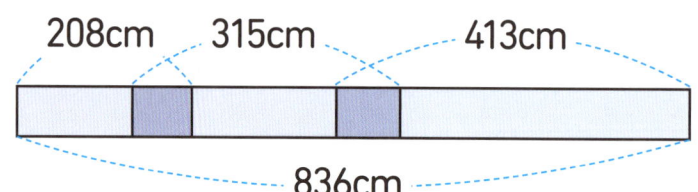

답 (   )cm

[보기]   50   523   936

종이 3장의 길이의 합
= 208 + 315 + 413
= ☐ + 413
= 936 (cm)

겹쳐진 부분의 길이의 합
= ☐ - 836
= 100 (cm)

겹쳐진 부분의 수 : 2군데

100 = 50 + 50 이므로

겹쳐진 한 부분의 길이 : ☐ cm

12 □ 안에 들어갈 수 있는 세 자리 수 중에서 가장 큰 수는 얼마인지 구하시오.

답 (   )

[보기] 160   161   572

194 + 378 = 572 이므로

733 - □ > 572

733 - □ = 572 일 때

□ = 733 -   = 161

733 - □는 572보다 커야 하므로

□ 안에는   보다

작은 수가 들어가야 한다.

□ 안에 들어갈 수 있는

세 자리 수 중에서 가장 큰 수 :

13 0부터 9까지의 수 중에서 □ 안에 들어갈 수 있는 가장 큰 수를 구하시오.

$$613 - 1\square 9 > 258 + 176$$

답 (   )

[보기]　6　　179　　434

258 + 176 = 434이므로

613 − 1□9 > 434

613 − 1□9 = 434일 때

1□9 = 613 − ☐

　　　 = 179

613 − 1□9는 434보다

커야 하므로

1□9는 ☐ 보다 작아야 한다.

□ 안에 들어갈 수 있는

가장 큰 수: ☐

14 연속한 두 수가 있다. 이 두 수의 합이 801일 때, 두 수 중에서 작은 수를 구하시오.

답 (   )

[보기] 큰   400   작은

연속한 두 수에서

☐ 수를 □라 하면

☐ 수는 (□+1)이다.

두 수의 합이 801이므로

□ + (□+1) = 801

□ + □ = 801 - 1

       = 800

800 = 400 + 400 이므로

□ = 400

두 수 중에서 작은 수 : ☐

STEP 3

월   일

01 박물관에 어제 입장한 사람은 556명이고, 오늘 입장한 사람은 어제보다 147명 더 적었다. 어제와 오늘 박물관에 입장한 사람은 모두 몇 명인지 구하시오.

답 (   )명

[보기] 409   556   965

오늘 입장한 사람 수

= ☐ - 147

= 409 (명)

어제와 오늘 입장한 사람 수

= 556 + ☐

= ☐ (명)

02 두 수를 골라 차가 가장 큰 뺄셈식을 만들어 계산하면 얼마인지 구하시오.

743   496   218   539

답 (   )

[보기]   525   743

743 > 539 > 496 > 218

가장 큰 수 :

가장 작은 수 : 218

743 - 218 =

STEP 3

월 일

03 어떤 수에 489를 더했더니 916이 되었다. 어떤 수는 얼마인지 구하시오.

답 (   )

[보기] 427   489

어떤 수를 □라 하면

□ + 489 = 916

□ = 916 − ▢

= ▢

04 기호 ◎에 대하여 ㉠◎㉡ = ㉠ − ㉡ − ㉡이라고 약속할 때, 667◎128의 값은 얼마인지 구하시오.

답 (   )

[보기] 411   539   128

667 ◎ 128

= 667 − ☐ − 128

= ☐ − 128

= ☐

05 매봉산의 높이는 인왕산의 높이보다 468m 더 높고, 용마산의 높이는 매봉산의 높이보다 119m 더 낮다. 인왕산의 높이가 338m일 때, 인왕산의 높이와 용마산의 높이의 차는 몇 m인지 구하시오.

답 (　　　)m

[보기] 806　349　338

매봉산의 높이

= ☐ + 468

= 806 (m)

용마산의 높이

= ☐ - 119

= 687 (m)

인왕산과 용마산의 높이의 차

= 687 - 338

= ☐ (m)

06 다음과 같이 길이가 283cm인 종이 3장을 겹치게 이어 붙였다. 이어 붙인 종이의 전체 길이는 몇 cm인지 구하시오.

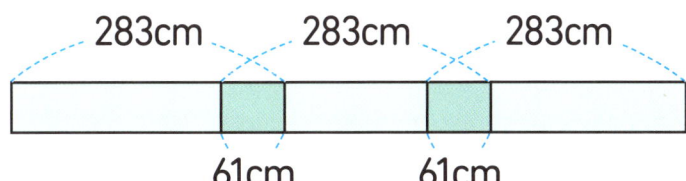

답 (   )cm

 [보기] 122   566   727

종이 3장의 길이의 합

= 283 + 283 + 283

= + 283

= 849 (cm)

겹쳐진 부분의 길이의 합

= 61 + 61

=   (cm)

이어 붙인 종이의 전체 길이

= 849 - 122

=   (cm)

STEP 3

07 □ 안에 들어갈 수 있는 세 자리 수 중에서 가장 작은 수는 얼마인지 구하시오.

$$457 + \square > 840 - 227$$

답 (   )

 [보기] 156   157   457

840 − 227 = 613 이므로

457 + □ > 613

457 + □ = 613 일 때

□ = 613 − = 156

457 + □는 613 보다

커야 하므로

□ 안에는 _____ 보다

큰 수가 들어가야 한다.

□ 안에 들어갈 수 있는

세 자리 수 중에서 가장 작은 수:
_____

08 종이 2장에 세 자리 수를 한 개씩 써 놓았는데 한 장이 찢어져서 십의 자리 숫자만 보인다. 두 수의 차가 119일 때, 찢어진 종이에 적힌 세 자리 수는 얼마인지 구하시오.

572   5

답 (   )

 [보기] 572 453 119

찢어진 종이에 적힌

세 자리 수를 ▢라 하면

1) ▢ > 572인 경우

　▢ - 572 = 119

　▢ = 　　 + 572 = 691

2) 　　 > ▢인 경우

　572 - ▢ = 119

　▢ = 572 - 119 = 453

십의 자리 숫자가 5이므로

찢어진 종이에 적힌 세 자리 수:

2 평면도형

STEP 1 기본

01 다음 도형에 있는 각은 모두 몇 개인지 구하시오.

직각삼각형 직사각형 정사각형

답 (　　)개

[보기]　4　11

직각삼각형 : 3개

직사각형 : 4개

정사각형 :　　개

3 + 4 + 4 =　　(개)

02 다음 도형에서 찾을 수 있는 크고 작은 각은 모두 몇 개인지 구하시오.

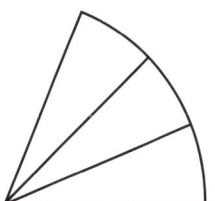

답 ( )개

[보기]

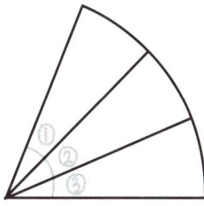

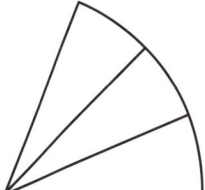

작은 각 1개짜리 :

①, ②, ③ → 3개

작은 각 2개짜리 :

①+②,  → 2개

작은 각 3개짜리 :

①+②+③ → 1개

3+2+1 = (개)

03

다음 직사각형의 네 변의 길이의 합은 36cm이다. □ 안에 알맞은 수를 구하시오.

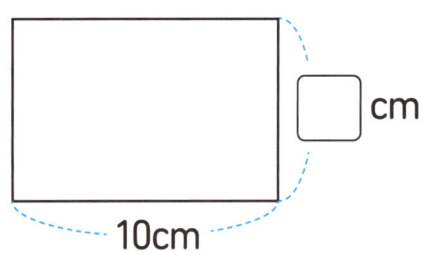

답 (   )

[보기]   8   20   36

10 + □ + 10 + □ =

□ + □ + 20 = 36

□ + □ = 36 −

= 16

16 = 8 + 8 이므로

□ =

54

04 다음 도형에서 찾을 수 있는 크고 작은 직사각형은 모두 몇 개인지 구하시오.

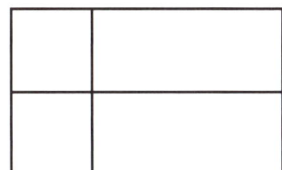

답 (   )개

[보기] 9 ①+②+③+④ ③+④

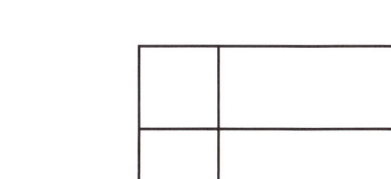

작은 직사각형 1개짜리 :

①, ②, ③, ④ → 4개

작은 직사각형 2개짜리 :

①+②,   , ①+③, ②+④

→ 4개

작은 직사각형 4개짜리 :

          → 1개

4 + 4 + 1 =   (개)

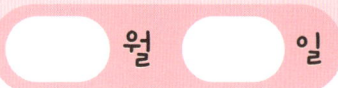

05 다음은 크기가 같은 직사각형 3개를 겹치지 않게 이어 붙여 만든 직사각형이다. 만든 직사각형의 네 변의 길이의 합은 몇 cm인지 구하시오.

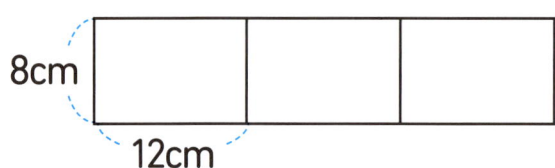

답 (　　　)cm

[보기] 8　　88　　12

만든 직사각형의 긴 변의 길이

= 12 + ☐ + 12

= 36 (cm)

만든 직사각형의 짧은 변의 길이

= ☐ cm

만든 직사각형의 네 변의 길이의 합

= 36 + 8 + 36 + 8

= ☐ (cm)

06

직사각형 ㄱㄴㄷㄹ을 정사각형 2개와 직사각형 1개로 나누었다. 선분 ㅁㅂ의 길이는 몇 cm인지 구하시오.

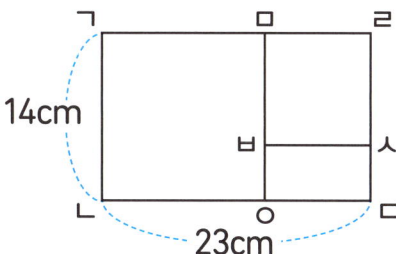

답 ( )cm

[보기]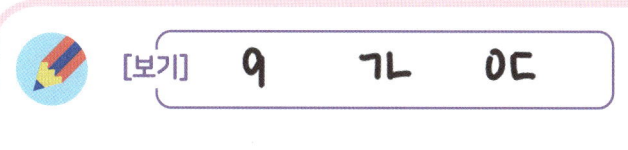

(선분 ㄴㅇ)=(선분 ⬜) =14cm

(선분 ㅇㄷ)=23-14

   =9 (cm)

(선분 ㅂㅅ)=(선분 ⬜) = 9cm

(선분 ㅁㅂ)=(선분 ㅂㅅ) = ⬜ cm

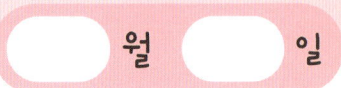

07

다음은 정사각형 2개를 겹치지 않게 이어 붙여 만든 도형이다. 도형을 둘러싼 굵은 선의 길이는 몇 cm인지 구하시오.

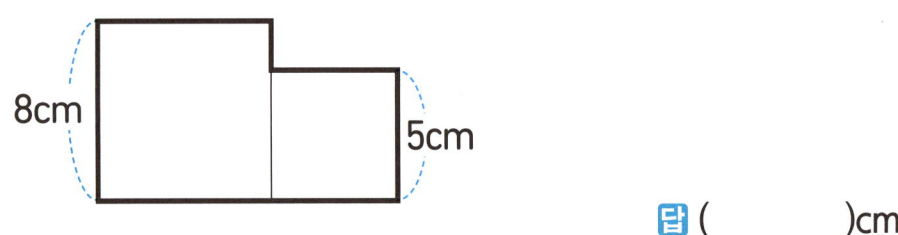

답 (   )cm

[보기]   8   5   42

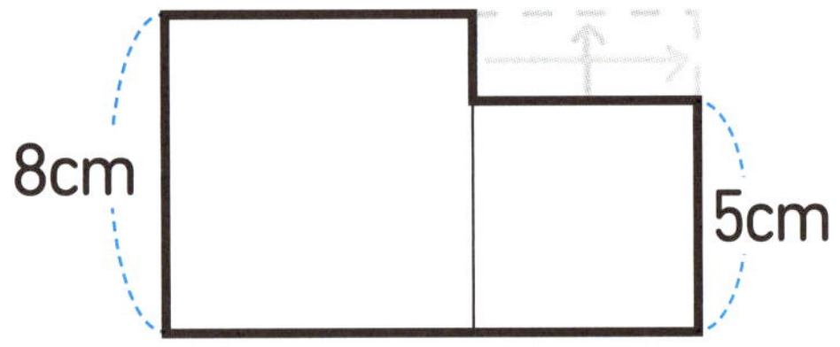

도형을 둘러싼 굵은 선의 길이는

긴 변이 8+□=13(cm)。

짧은 변이 □cm인

직사각형의 네 변의 길이의 합과 같다.

도형을 둘러싼 굵은 선의 길이

= 13 + 8 + 13 + 8

= □ (cm)

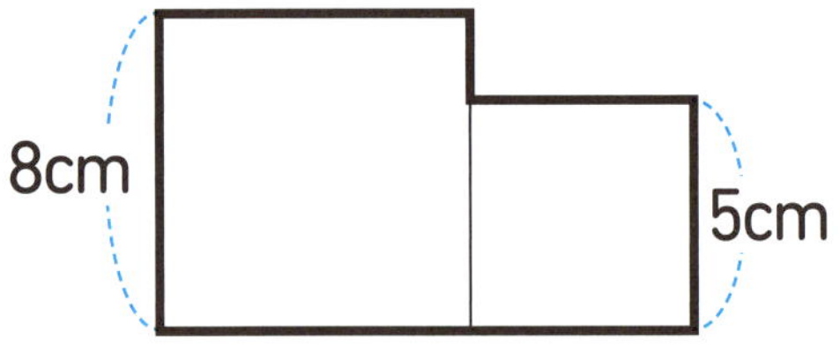

08 다음 정사각형의 네 변의 길이의 합과 직사각형의 네 변의 길이의 합은 같다. 직사각형의 짧은 변은 몇 cm인지 구하시오.

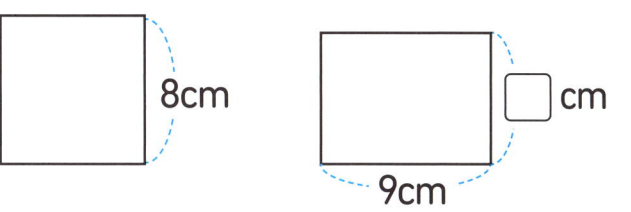

답 (　　　)cm

[보기]　7　　18　　32

정사각형의 네 변의 길이의 합
= 8 + 8 + 8 + 8 = 32(cm)

직사각형의 네 변의 길이의 합도

 cm 이므로

9 + □ + 9 + □ = 32

□ + □ + 18 = 32

□ + □ = 32 - ☐ = 14

14 = 7 + 7 이므로

□ = 7

직사각형의 짧은 변의 길이 :

 cm

09 다음과 같은 직사각형 모양의 종이를 잘라 한 변이 5cm인 정사각형을 여러 개 만들려고 한다. 정사각형은 몇 개까지 만들 수 있는지 구하시오.

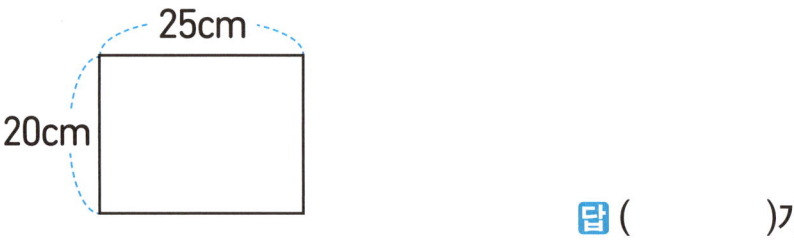

답 (　　　)개

[보기]　4　5　20

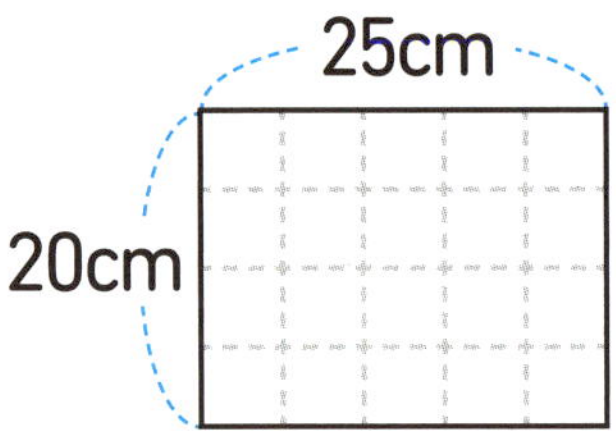

25 = 5 × 5 이므로

직사각형의 긴 변에는

정사각형을 ☐ 개까지 만들 수 있다.

20 = 5 × 4 이므로

직사각형의 짧은 변에는

정사각형을 ☐ 개까지 만들 수 있다.

만들 수 있는 정사각형의 수

= 5 × 4 = ☐ (개)

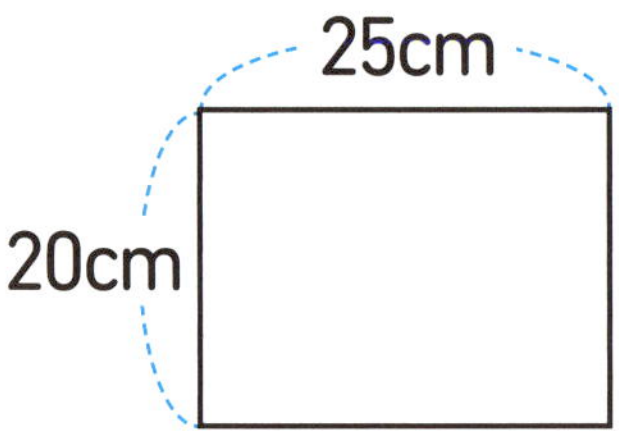

10 다음은 정사각형과 직사각형을 겹치지 않게 이어 붙여 만든 도형이다. 정사각형의 네 변의 길이의 합이 32cm일 때, 색칠한 직사각형의 네 변의 길이의 합은 몇 cm인지 구하시오.

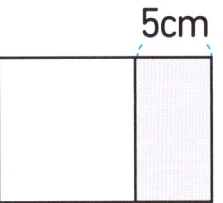

답 (   )cm

[보기] 26   한 변   긴 변

정사각형의 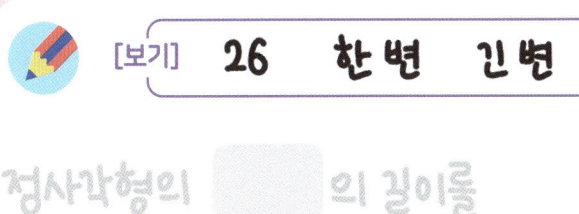 의 길이를

□cm라 하면

□ + □ + □ + □ = 32

32 = 8+8+8+8 이므로

□ = 8

색칠한 직사각형의   의 길이는

정사각형의 한 변의 길이와

같으므로

색칠한 직사각형의 네 변의

길이의 합 = 8 + 5 + 8 + 5

=  (cm)

11 다음과 같이 긴 변이 11cm, 짧은 변이 5cm인 직사각형 모양의 종이 5장을 3cm씩 겹치도록 이어 붙여 직사각형을 만들었다. 만든 직사각형의 네 변의 길이의 합은 몇 cm인지 구하시오.

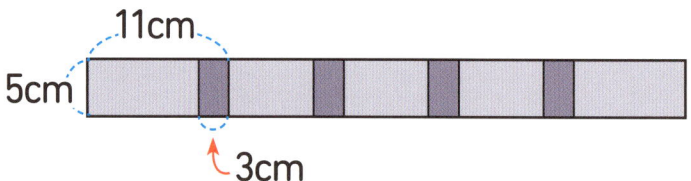

답 (　　　)cm

[보기]　5　12　96

직사각형 모양의 종이 5장의 긴 변의 길이의 합
= 11 + 11 + 11 + 11 + 11 = 55 (cm)

겹쳐진 부분의 길이의 합
= 3 + 3 + 3 + 3 = 12 (cm)

만든 직사각형의 긴 변의 길이
= 55 - ☐ = 43 (cm)

만든 직사각형의 네 변의 길이의 합
= 43 + 5 + 43 + ☐ = ☐ (cm)

12 철사를 사용하여 다음과 같은 한 변이 15cm인 정사각형을 한 개 만들었다. 이 철사를 다시 펴서 남김없이 모두 사용하여 직사각형을 한 개 만들려고 한다. 직사각형의 짧은 변을 12cm로 한다면 긴 변은 몇 cm로 해야 하는지 구하시오.

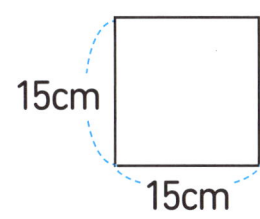

답 (　　　)cm

[보기]　18　　60　　36

정사각형을 만든 철사의 길이
= 15 + 15 + 15 + 15 = 60 (cm)

만들 직사각형의 긴 변을
□cm라 하면

□ + 12 + □ + 12 =

□ + □ + 24 = 60

□ + □ = 60 − 24 = 36

 = 18 + 18 이므로

□ = 18

직사각형의 긴 변의 길이:  cm

 심화

 월 일

13 직사각형 ㄱㄴㄷㄹ에서 색칠한 사각형은 모두 정사각형이다. 선분 ㅋㄷ의 길이는 몇 cm인지 구하시오.

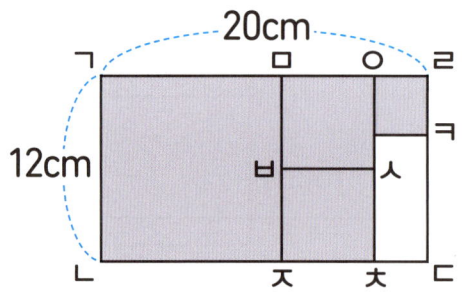

답 (　　　)cm

 [보기]　6　　10　　20

(선분 ㄱㅁ) = (선분 ㄱㄴ) = 12cm

(선분 ㅁㅂ) = (선분 ㅂㅈ) = ☐ cm

(선분 ㅁㅇ) = (선분 ㅁㅂ) = 6cm

(선분 ㅇㄹ) = ☐ − 12 − 6

　　　　 = 2 (cm)

(선분 ㄹㅋ) = (선분 ㅇㄹ) = 2cm

(선분 ㅋㄷ) = 12 − 2

　　　　 = ☐ (cm)

14 다음과 같이 정사각형 모양의 종이를 잘라 모양과 크기가 같은 두 개의 직사각형을 만들었다. 자른 직사각형 한 개의 네 변의 길이의 합이 18cm일 때, 처음 정사각형의 한 변은 몇 cm인지 구하시오.

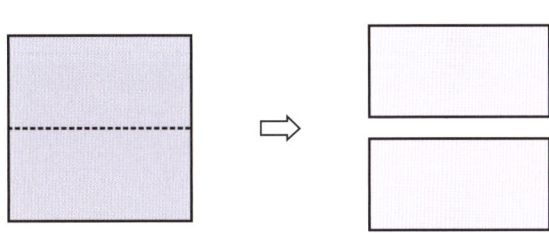

답 (　　　)cm

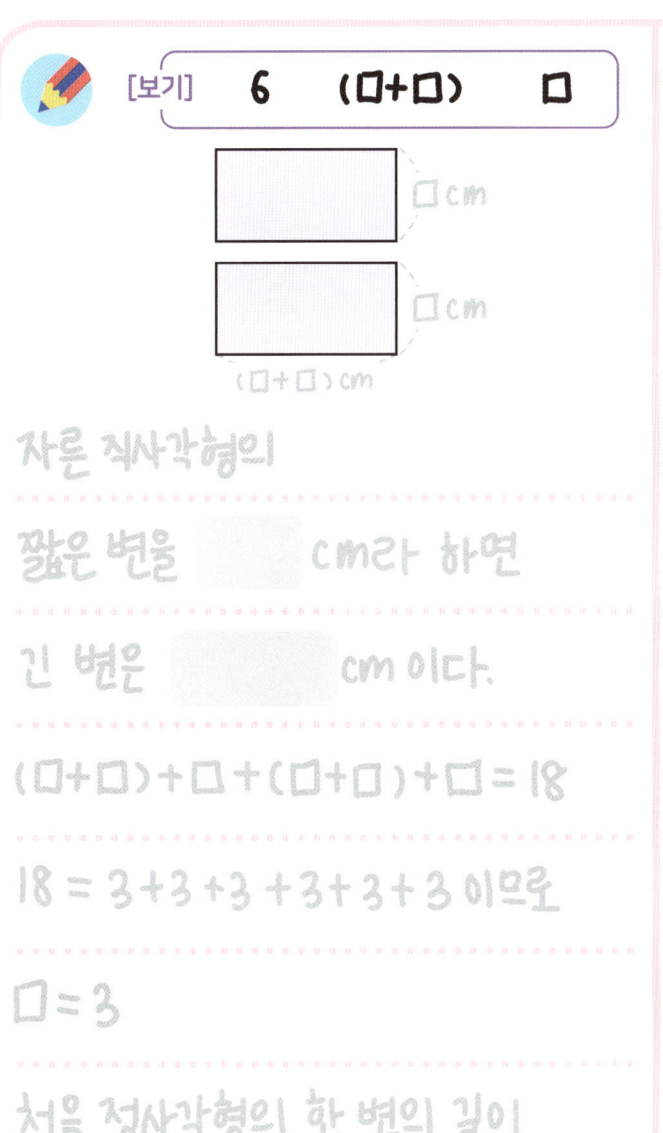

[보기]　6　(□+□)　□

자른 직사각형의 짧은 변을 ◻ cm라 하면
긴 변은 ◻ cm 이다.
(□+□)+□+(□+□)+□=18
18 = 3+3+3+3+3+3 이므로
□=3
처음 정사각형의 한 변의 길이
= 3+3 = ◻ (cm)

STEP 2 기본

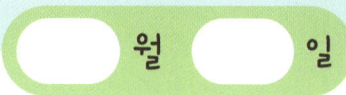

01 다음 도형에 있는 직각은 모두 몇 개인지 구하시오.

직각삼각형   직사각형   정사각형

답 (   )개

[보기]   9   4

직각삼각형 : 1개

직사각형 : 4개

정사각형 :   개

1 + 4 + 4 =   (개)

02 다음 도형에서 찾을 수 있는 크고 작은 각은 모두 몇 개인지 구하시오.

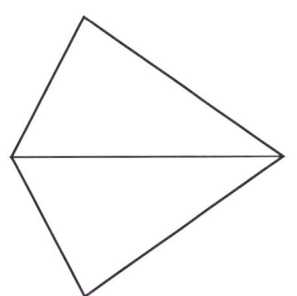

답 ( )개

[보기]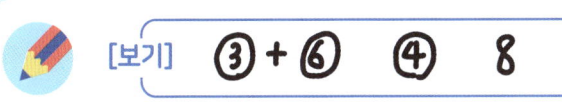

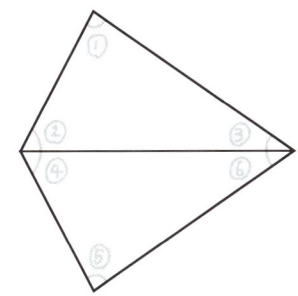

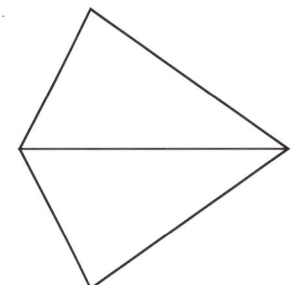

작은 각 1개짜리 :
①, ②, ③, ④, ⑤, ⑥ → 6개

작은 각 2개짜리 :
② + ④ , → 2개

6 + 2 = (개)

03 길이가 60cm인 철사를 겹치지 않게 사용하여 한 변이 9cm인 정사각형을 한 개 만들었다. 정사각형을 만들고 남은 철사의 길이는 몇 cm인지 구하시오.

답 (   )cm

[보기]   24   36

정사각형을 만드는 데 사용한 철사의 길이
= 9 + 9 + 9 + 9
= 36 (cm)

남은 철사의 길이
= 60 − 36
= 24 (cm)

04 다음은 크기가 같은 직사각형 4개를 겹치지 않게 이어 붙여 만든 정사각형이다. 만든 정사각형의 네 변의 길이의 합은 몇 cm인지 구하시오.

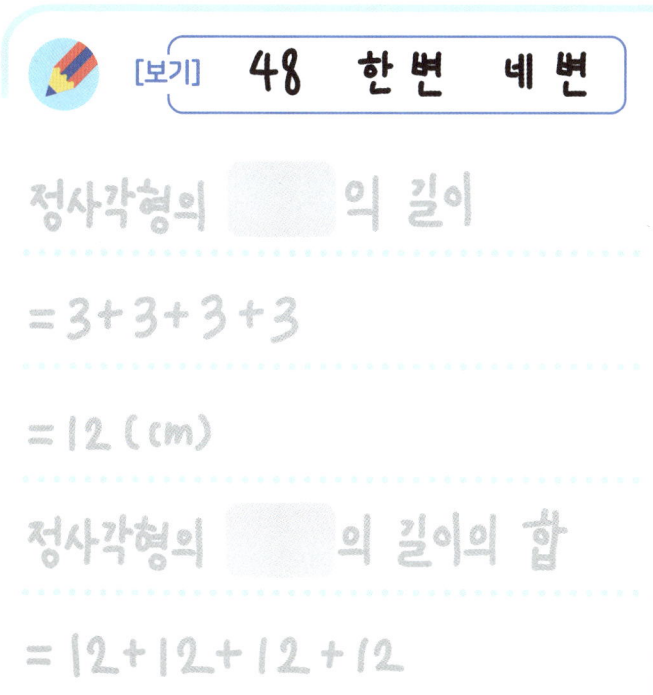

답 (   )cm

[보기]　48　한 변　네 변

정사각형의 [한 변] 의 길이
= 3+3+3+3
= 12 (cm)

정사각형의 [네 변] 의 길이의 합
= 12+12+12+12
= [48] (cm)

 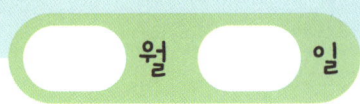

05 다음은 직사각형과 정사각형을 겹치지 않게 이어 붙여 만든 직사각형이다. 만든 직사각형의 네 변의 길이의 합은 몇 cm인지 구하시오.

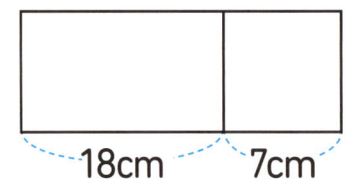

답 (　　　)cm

[보기]　7　18　64

만든 직사각형의 긴 변의 길이

= ☐ + 7

= 25 (cm)

만든 직사각형의 짧은 변의 길이

= ☐ cm

만든 직사각형의 네 변의 길이의 합

= 25 + 7 + 25 + 7

= ☐ (cm)

06 다음 도형에서 색칠한 정사각형을 포함하는 크고 작은 정사각형은 모두 몇 개인지 구하시오.

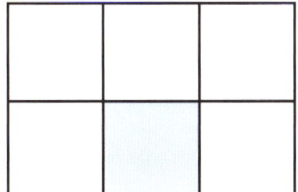

답 (　　　)개

[보기]　3　4

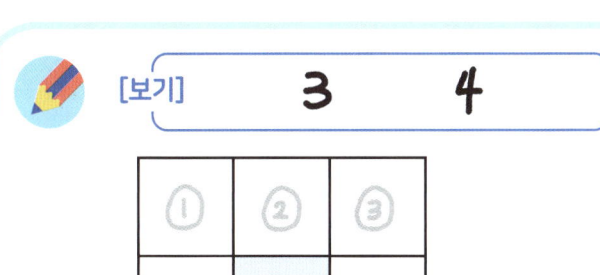

작은 정사각형 1개짜리:

⑤ → 1개

작은 정사각형　　개짜리:

①+②+④+⑤, ②+③+⑤+⑥

→ 2개

1 + 2 =　　(개)

07 다음은 정사각형 2개를 겹치지 않게 이어 붙여 만든 도형이다. 도형을 둘러싼 굵은 선의 길이는 몇 cm인지 구하시오.

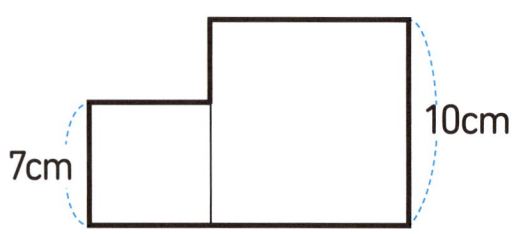

답 (　　　)cm

[보기]　54　7　10

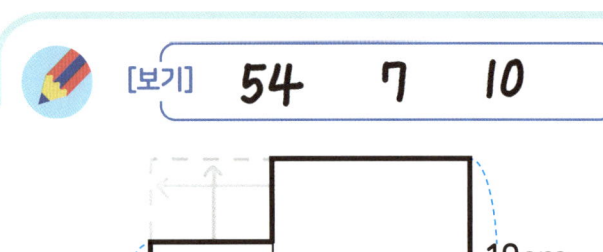

도형을 둘러싼 굵은 선의 길이는

긴 변이 10 + ▢ = 17 (cm),

짧은 변이 ▢ cm인

직사각형의 네 변의 길이의

합과 같다.

도형을 둘러싼 굵은 선의 길이

= 17 + 10 + 17 + 10

= ▢ (cm)

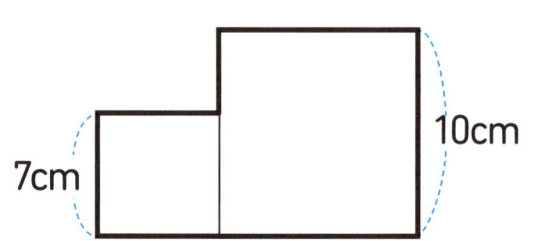

08 다음 직사각형의 네 변의 길이의 합과 정사각형의 네 변의 길이의 합은 같다. 정사각형의 한 변은 몇 cm인지 구하시오.

답 ( )cm

[보기] 6   8   24

직사각형의 네 변의 길이의 합
= 8 + 4 + ⬚ + 4
= 24 (cm)

정사각형의 네 변의 길이의 합도 24 cm 이므로

□ + □ + □ + □ = 24

⬚ = 6 + 6 + 6 + 6 이므로

□ = 6

정사각형의 한 변의 길이 :
⬚ cm

 응용

09 다음과 같은 정사각형 모양의 종이를 잘라 긴 변이 8cm, 짧은 변이 4cm인 직사각형을 여러 개 만들려고 한다. 직사각형은 몇 개까지 만들 수 있는지 구하시오.

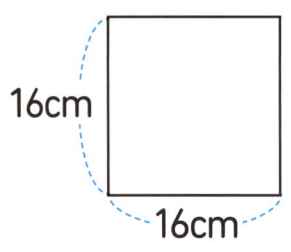

답 (　　　)개

[보기] 8 2 4

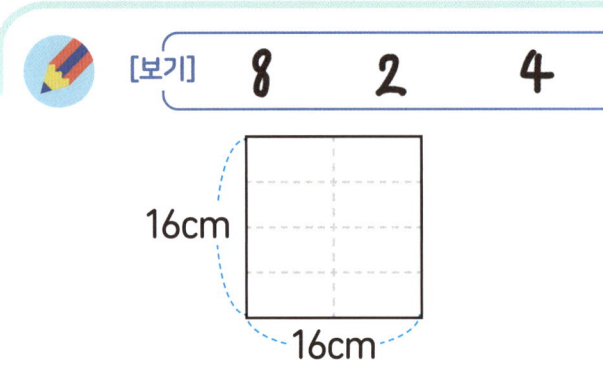

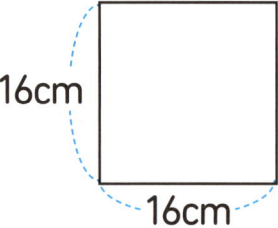

16 = 8 × 2 이므로

정사각형의 한 변에는

직사각형을 ☐ 개까지 만들수있다.

16 = 4 × 4 이므로

정사각형의 다른 한 변에는

직사각형을 ☐ 개까지 만들 수 있다.

만들 수 있는 직사각형의 수

= 2 × 4 = ☐ (개)

10 어느 직사각형의 긴 변을 10cm 늘이고 짧은 변을 15cm 늘였더니 네 변의 길이의 합이 100cm인 정사각형이 되었다. 처음 직사각형의 네 변의 길이의 합은 몇 cm인지 구하시오.

답 (   )cm

[보기] 15   25   50

100 = 25+25+25+25 이므로

정사각형의 한 변의 길이는

25 cm이다.

처음 직사각형의 긴변은

25-10 = 15 (cm), 짧은 변은

25- 15 = 10 (cm)이다.

처음 직사각형의 네 변의

길이의 합

= 15+10+15+10

= 50 (cm)

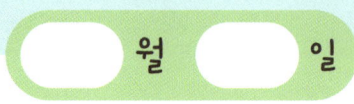

11 다음과 같이 한 변이 9cm인 정사각형 모양의 종이 5장을 2cm씩 겹치도록 이어 붙여 직사각형을 만들었다. 만든 직사각형의 네 변의 길이의 합은 몇 cm인지 구하시오.

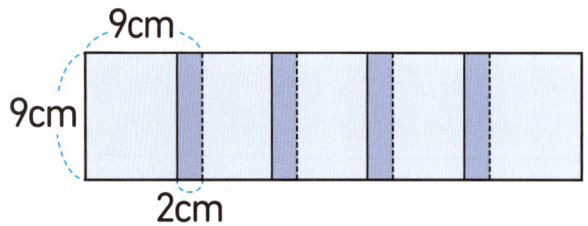

답 (   )cm

 [보기] 37   45   92

정사각형 모양의 종이 5장의
한 변의 길이의 합
= 9 + 9 + 9 + 9 + 9 = 45 (cm)

겹쳐진 부분의 길이의 합
= 2 + 2 + 2 + 2 = 8 (cm)

만든 직사각형의 긴 변의 길이
=   - 8 = 37 (cm)

만든 직사각형의 네 변의
길이의 합
= 37 + 9 +   + 9 =   (cm)

12 철사를 사용하여 다음과 같은 긴 변이 23cm, 짧은 변이 17cm인 직사각형을 한 개 만들었다. 이 철사를 다시 펴서 남김없이 모두 사용하여 한 변이 5cm인 정사각형을 몇 개까지 만들 수 있는지 구하시오.

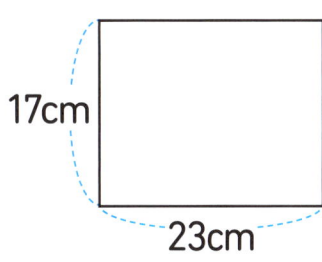

답 ( )개

[보기] 4   23   80

직사각형을 만든 철사의 길이
= 23 + 17 + + 17
= 80 (cm)

한 변이 5cm인 정사각형의 네 변의 길이의 합
= 5 + 5 + 5 + 5
= 20 (cm)

 = 20 + 20 + 20 + 20 이므로

한 변이 5cm인 정사각형을 ☐ 개까지 만들 수 있다.

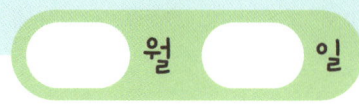

13 직사각형 ㄱㄴㄷㄹ에서 색칠한 사각형은 모두 정사각형이다. 선분 ㅊㅅ의 길이는 몇 cm인지 구하시오.

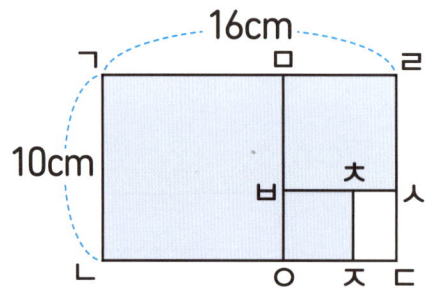

답 ( )cm

　[보기]　2　6　10

(선분 ㄴㅇ) = (선분 ㄱㄴ) = 10 cm

(선분 ㅇㄷ) = 16 - ☐ = 6 (cm)

(선분 ㅁㅂ) = (선분 ㅂㅅ) = (선분 ㅇㄷ)
= 6 cm

(선분 ㅂㅇ) = 10 - ☐ = 4 (cm)

(선분 ㅂㅊ) = (선분 ㅂㅇ) = 4 cm

(선분 ㅊㅅ) = 6 - 4 = ☐ (cm)

14 다음과 같이 정사각형 모양의 종이를 잘라 모양과 크기가 같은 두 개의 직사각형을 만들었다. 자른 직사각형 한 개의 네 변의 길이의 합이 30cm일 때, 처음 정사각형의 한 변은 몇 cm인지 구하시오.

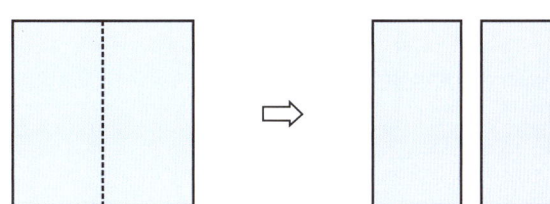

답 (　　　)cm

[보기] **10**　짧은　긴

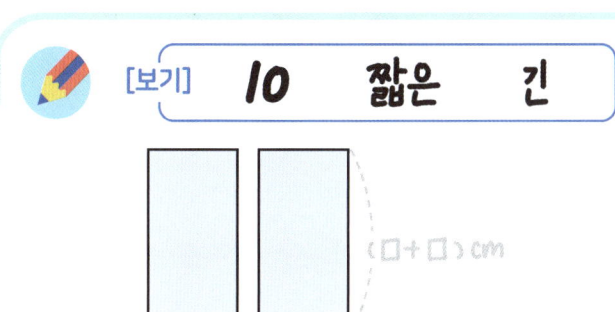

자른 직사각형의

　　　변을 □cm라 하면

　　　변은 (□+□)cm이다.

□+(□+□)+□+(□+□)=30

30=5+5+5+5+5+5 이므로

□=5

처음 정사각형의 한 변의 길이

=5+5=　　　(cm)

01 다음은 크기가 같은 직사각형 3개를 겹치지 않게 이어 붙여 만든 정사각형이다. 만든 정사각형의 네 변의 길이의 합은 몇 cm인지 구하시오.

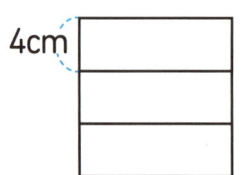

답 (   )cm

[보기] **48   한   네**

만든 정사각형의 □변의 길이

= 4 + 4 + 4

= 12 (cm)

만든 정사각형의 □변의 길이의 합

= 12 + 12 + 12 + 12

= □ (cm)

02 다음 직사각형 모양의 종이를 잘라서 한 변이 5cm인 정사각형을 여러 개 만들려고 한다. 정사각형을 몇 개까지 만들 수 있는지 구하시오.

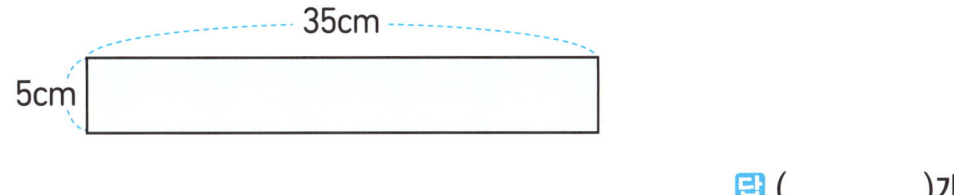

답 (   )개

[보기]   7   5

35 = ⬜ × 7 이므로
한 변이 5cm인 정사각형을
⬜ 개까지 만들 수 있다.

STEP 3

03 다음 직사각형과 네 변의 길이의 합이 같은 정사각형이 있다. 이 정사각형의 한 변은 몇 cm인지 구하시오.

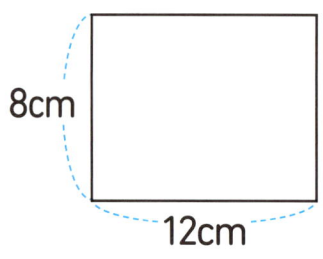

답 (   )cm

[보기]   10   12   40

직사각형의 네 변의 길이의 합

= 12 + 8 + ☐ + 8

= 40 (cm)

정사각형의 한 변을 ☐cm라 하면

☐ + ☐ + ☐ + ☐ = 40

☐ = 10 + 10 + 10 + 10 이므로

☐ = 10

정사각형의 한 변의 길이 :

☐ cm

04
네 변의 길이의 합이 30cm인 직사각형이 있다. 이 직사각형의 긴 변이 9cm라면 짧은 변은 몇 cm인지 구하시오.

답 (   )cm

[보기] 6   12   18

직사각형의 짧은 변을
□cm라 하면
9+□+9+□ = 30
□+□+18 = 30
□+□ = 30 -
     = 12
     = 6 + 6이므로
□ = 6
직사각형의 짧은 변의 길이 :
     cm

STEP 3

05 다음 도형에서 색칠한 정사각형을 포함하는 크고 작은 정사각형은 모두 몇 개인지 구하시오.

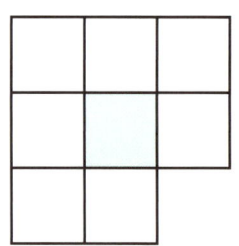

답 (　　　)개

[보기]

작은 정사각형 1개짜리:

⑤ → 1개

작은 정사각형 4개짜리:

①+②+④+⑤, ②+☐+⑤+⑥,

④+☐+⑦+⑧ → 3개

1 + 3 = ☐ (개)

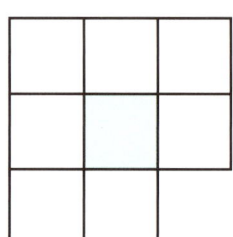

06 다음은 똑같은 정사각형 3개와 직사각형 1개를 겹치지 않게 이어 붙여 만든 도형이다. 도형을 둘러싼 굵은 선의 길이는 몇 cm인지 구하시오.

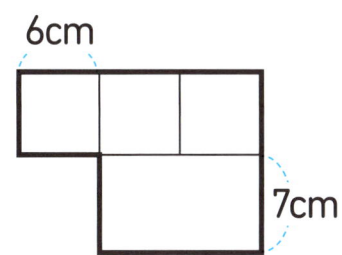

답 (   )cm

[보기] 6 2   6   7

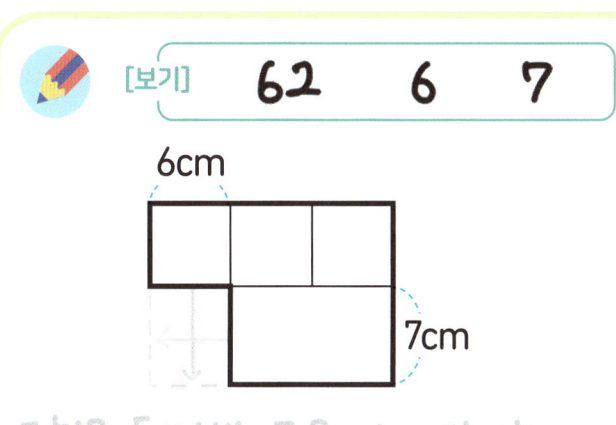

도형을 둘러싼 굵은 선의 길이는

긴 변이 6 + ☐ + 6 = 18 (cm),

짧은 변이 6 + ☐ = 13 (cm)인

직사각형의 네 변의 길이의

합과 같다.

도형을 둘러싼 굵은 선의 길이

= 18 + 13 + 18 + 13

= ☐ (cm)

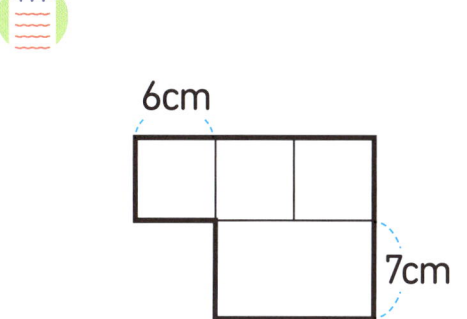

STEP 3

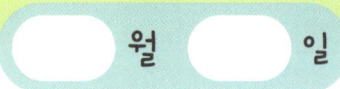

07 직사각형 ㄱㄴㄷㄹ에서 색칠한 사각형은 모두 정사각형이다. 직사각형 ㅁㅂㅅㄹ의 네 변의 길이의 합은 몇 cm인지 구하시오.

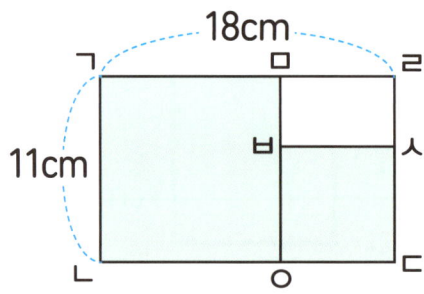

답 (   )cm

[보기]   11   22   18

(선분 ㄱㅁ)=(선분 ㄱㄴ)= 11 cm

(선분 ㅁㄹ)= ☐ -11 = 7 (cm)

(선분 ㅂㅇ)=(선분 ㅂㅅ)=(선분 ㅁㄹ)

= 7 cm

(선분 ㅁㅂ)= ☐ -7 = 4 (cm)

직사각형 ㅁㅂㅅㄹ의 네 변의

길이의 합

= 7+ 4+7+ 4 = ☐ (cm)

08

철사를 사용하여 한 변이 10cm인 정사각형을 한 개 만들었다. 이 철사를 다시 펴서 남김없이 모두 사용하여 다음과 같은 직사각형을 한 개 만들려고 한다. 직사각형의 긴 변이 짧은 변보다 4cm만큼 더 길 때, □ 안에 알맞은 수를 구하시오.

답 (   )

[보기]   8   (□+4)   □

정사각형을 만든 철사의 길이
= 10 + 10 + 10 + 10 = 40(cm)

만들 직사각형의

짧은 변이 ☐ cm 이므로

긴 변은 ☐ cm 이다.

□ + (□+4) + □ + (□+4) = 40

□ + □ + □ + □ + 8 = 40

□ + □ + □ + □ = 40 − 8 = 32

32 = 8 + 8 + 8 + 8 이므로

□ = ☐

3 나눗셈

이번 단원에서 학습할 내용!

- 전체를 똑같이 나누어 주는 나눗셈
- 같은 양이 몇 번 들어 있는 나눗셈
- 곱셈과 나눗셈의 관계
- 나눗셈의 몫 구하기

STEP 1 기본

01 지아는 초콜릿 78개 중 38개를 먹었다. 먹고 남은 초콜릿을 한 상자에 8개씩 담으려면 상자는 몇 개 필요한지 구하시오.

답 ( )개

[보기] 5   38   40

남은 초콜릿의 수
= 78 -
= 40 (개)

필요한 상자의 수
=   ÷ 8
=   (개)

02
다음 정사각형의 네 변의 길이의 합과 삼각형의 세 변의 길이의 합은 같다. 삼각형의 세 변의 길이가 모두 같을 때, 한 변은 몇 cm인지 구하시오.

 6cm   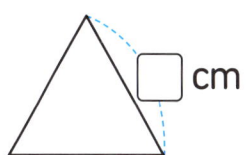 ☐ cm

답 (   )cm

[보기]   8   4   3

정사각형의 네 변의 길이의 합
= 6 × ☐
= 24 (cm)

삼각형의 한 변의 길이
= 24 ÷ ☐
= ☐ (cm)

STEP 1 기본

월 일

03 두 나눗셈의 몫이 같을 때, □ 안에 알맞은 수를 구하시오.

$$• 40 \div 8 \quad • 15 \div \square$$

답 ( )

[보기] 3   5

$40 \div 8 = 5$ 이므로

$15 \div \square = 5$

$\square \times \boxed{} = 15$

$\square = 15 \div 5$

$ = \boxed{}$

04 어떤 수를 3으로 나누어야 할 것을 잘못하여 9로 나누었더니 몫이 2가 되었다. 바르게 계산하면 얼마인지 구하시오.

답 (   )

[보기]   18   6   2

어떤 수를 □라 하면

□ ÷ 9 = 2

□ = 9 × 2

  = 18

바르게 계산하면

18 ÷ 3 = 6

STEP 1

05 다음과 같이 네 변의 길이의 합이 48cm인 직사각형을 크기가 같은 정사각형 3개로 나누었다. 정사각형의 한 변은 몇 cm인지 구하시오.

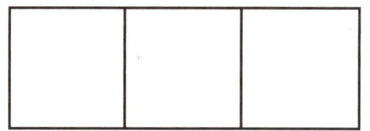

답 (   )cm

[보기] 6   8

직사각형의 네 변의 길이의 합은 정사각형의 한 변의 길이의 □배이다.

정사각형의 한 변의 길이
= 48 ÷ 8
= □ (cm)

06 길이가 48m이고 곧게 뻗은 도로의 한쪽에 처음부터 끝까지 일정한 간격으로 나무 9그루를 심었다. 나무 사이의 간격은 몇 m인지 구하시오. (단, 나무의 두께는 생각하지 않는다.)

답 (　　　)m

[보기]　6　/　8

나무 사이의 간격 수
= 9 - 1
= 8(군데)

나무 사이의 간격의 길이
= 48 ÷ 8
= 6 (m)

STEP 1 응용

07 다음을 만족하는 ㉠과 ㉡의 합을 구하시오.

$$㉠ \div 4 = ㉡ \qquad 6 \times ㉡ = 42$$

답 (   )

 [보기] 4   7   35

- $6 \times ㉡ = 42$

  $㉡ = 42 \div 6$

  $ = \boxed{}$

- $㉠ \div 4 = ㉡$

  $㉠ \div 4 = 7$

  $㉠ = \boxed{} \times 7$

  $ = 28$

$㉠ + ㉡ = 28 + 7$

$ = \boxed{}$

08 ㉠과 ㉡에 알맞은 수의 차를 구하시오.

- ㉡을 ㉠으로 나누면 몫은 4이다.
- ㉠과 ㉡의 합은 20이다.

답 (   )

 [보기]   16   4   12

· ㉡ ÷ ㉠ = 4

㉡ = ㉠ × 4 이므로

㉠	1	2	3	4	...
㉡	4	8	12	16	...

· ㉠ + ㉡ = 20 인 경우는

㉠ = 4 , ㉡ = 16

㉡ - ㉠ = 16 - 4
       = 12

09 다음과 같은 규칙으로 수를 늘어놓았다. 21번째 수는 무엇인지 구하시오.

2 4 6 2 4 6 2 4 6 …

답 (   )

[보기] 6 3 7

(2 4 6)이 반복되는 규칙으로
한 묶음 안의 수는 ☐ 개이다.
21 ÷ 3 = 7이므로
21번째 수는 ☐ 번째 묶음의
마지막 수이다.
21번째 수 : ☐

10 일정한 빠르기로 1분에 5m를 가는 거북이와 1분에 8m를 가는 코알라가 있다. 이 거북이와 코알라가 같은 곳에서 동시에 같은 방향으로 출발했다면 거북이가 35m 갔을 때, 코알라는 거북이보다 몇 m 앞서 있는지 구하시오.

답 (　　　)m

[보기] 21　7　8

거북이가 35m를 가는 데 걸린 시간
= 35 ÷ 5
= 7 (분)

7분 동안 코알라가 간 거리
= 8 × 7
= 56 (m)

코알라가 거북이보다 앞서 있는 거리
= 56 - 35
= 21 (m)

STEP 1 심화

11 원숭이 3마리가 하루에 바나나 6개를 먹는다. 모든 원숭이가 매일 똑같은 수의 바나나를 먹는다면 원숭이 4마리가 바나나 72개를 먹는 데 며칠이 걸리는지 구하시오.

답 (　　) 일

[보기]　2　6　9

원숭이 한 마리가 하루에 먹는 바나나 수
= ⬚ ÷ 3 = 2 (개)

원숭이 4마리가 하루에 먹는 바나나 수
= 4 × ⬚ = 8 (개)

원숭이 4마리가 바나나 72개를 먹는 데 걸리는 날수
= 72 ÷ 8 = ⬚ (일)

12 태하네 농장에서 기르는 닭과 소의 다리를 세어 보니 모두 38개였다. 소가 7마리일 때, 닭은 몇 마리인지 구하시오.

답 (　　　)마리

[보기]　**4　5　28**

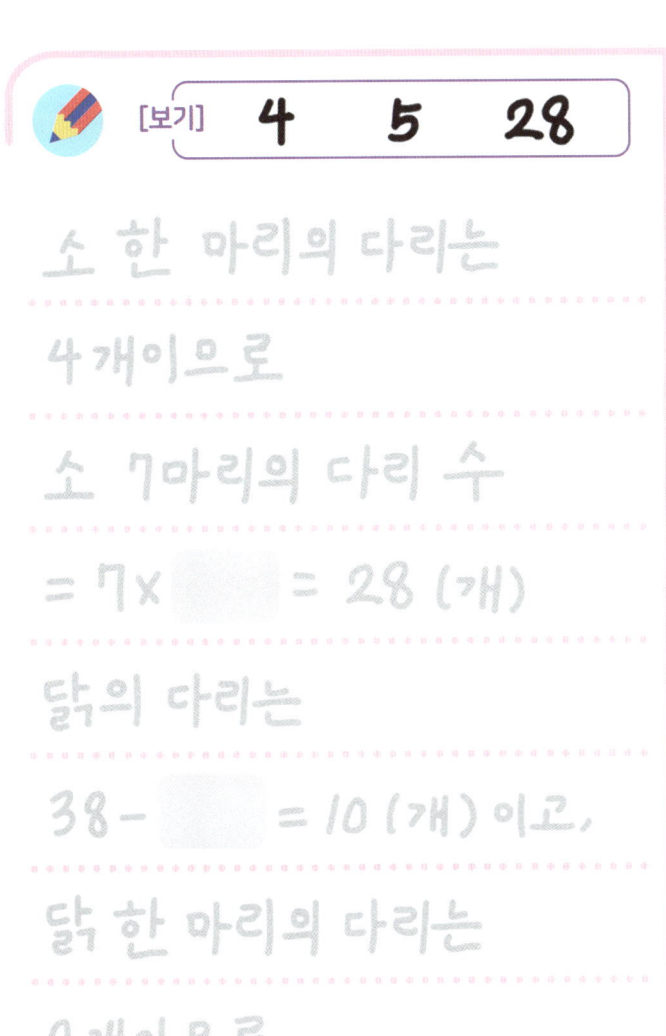

소 한 마리의 다리는 4개이므로
소 7마리의 다리 수
= 7 × ☐ = 28 (개)
닭의 다리는
38 - ☐ = 10 (개) 이고,
닭 한 마리의 다리는 2개이므로
닭의 수
= 10 ÷ 2 = ☐ (마리)

13 ㉠과 ㉡ 식당에서 빵을 만들고 있다. ㉠ 식당에서는 1분에 6개씩 만들고, ㉡ 식당에서는 1분에 9개씩 만든다. ㉡ 식당에서 ㉠ 식당보다 3분 먼저 빵을 만들기 시작하여 72개를 만들었을 때, ㉠ 식당에서 만든 빵은 몇 개인지 구하시오.

답 (　　　)개

[보기] 3   8   30

㉡ 식당에서 빵 72개를 만드는 데 걸린 시간
= 72 ÷ 9
= ☐ (분)

㉠ 식당에서 빵을 만든 시간
= 8 - ☐
= 5 (분)

㉠ 식당에서 5분 동안 만든 빵의 수
= 6 × 5
= ☐ (개)

14 통나무를 쉬지 않고 4토막으로 자르는 데 18분이 걸린다. 통나무를 한 번 자르고 나서 2분씩 쉰다면 통나무를 8토막으로 자르는 데 걸리는 시간은 모두 몇 분인지 구하시오. (단, 통나무를 한 번 자르는 데 걸리는 시간은 일정하다.)

답 ( )분

[보기] 6   54   3

통나무를 4토막으로 자르려면
4-1=3(번) 잘라야 하므로
통나무를 한 번 자르는 데
걸리는 시간 = 18÷ ☐ = 6(분)
통나무를 8토막으로 자르려면
8-1=7(번) 자르고,
7-1=6(번) 쉬어야 한다.
통나무를 7번 자르는 데
걸리는 시간 = 6×7 = 42(분),
쉬는 시간의 합 = 2× ☐ = 12(분)
42+12= ☐ (분)

STEP 2 기본

월 일

01 윤후네 농장에서 오전에 캔 감자 28개와 오후에 캔 감자 44개를 봉지에 똑같이 나누어 담았더니 8봉지였다. 한 봉지에 감자를 몇 개씩 담았는지 구하시오.

답 (   )개

[보기] 9   44   72

오전과 오후에 캔 감자의 수
= 28 + ▢
= 72 (개)

한 봉지에 담은 감자의 수
= ▢ ÷ 8
= ▢ (개)

02

쿠키 56개를 7접시에 똑같이 나누어 담았다. 그중에서 한 접시에 있는 쿠키를 친구 4명에게 똑같이 나누어 준다면 친구 한 명은 쿠키를 몇 개씩 받게 되는지 구하시오.

답 (　　　)개

[보기]　2　4　8

한 접시에 담은 쿠키의 수
= 56 ÷ 7
= ☐ (개)

친구 한 명이 받게 되는 쿠키의 수
= 8 ÷ ☐
= ☐ (개)

STEP 2 기본

03 두 나눗셈의 몫이 같을 때, □ 안에 알맞은 수를 구하시오.

- □ ÷ 6
- 45 ÷ 5

답 (　　　　)

[보기]　54　9

$45 \div 5 = 9$ 이므로

□ ÷ 6 =

□ = 6 × 9

　 =

04 32를 어떤 수로 나누면 4와 같다. 어떤 수는 얼마인지 구하시오.

답 (   )

[보기] 4   8   32

어떤 수를 □라 하면

32 ÷ □ = 4

□ × 4 =

□ = 32 ÷

= 8

어떤 수 :

05

다음과 같이 네 변의 길이의 합이 24cm인 정사각형 3개를 겹치지 않게 이어 붙여 직사각형을 만들었다. 직사각형의 네 변의 길이의 합은 몇 cm인지 구하시오.

답 (　　　)cm

[보기]　48　8　6

정사각형의 한 변의 길이
= 24 ÷ 4 = ☐ (cm)

직사각형의 네 변의 길이의 합은

정사각형의 한 변의 길이의

☐ 배이다.

직사각형의 네 변의 길이의 합
= 6 × 8 = ☐ (cm)

06 길이가 56m이고 곧게 뻗은 도로의 한쪽에 처음부터 끝까지 7m 간격으로 나무를 심으려고 한다. 필요한 나무는 모두 몇 그루인지 구하시오. (단, 나무의 두께는 생각하지 않는다.)

답 (　　　)그루

[보기]　9　8　1

나무 사이의 간격 수
= 56 ÷ 7
= ☐ (군데)

필요한 나무의 수
= 8 + ☐
= ☐ (그루)

07 다음을 만족하는 ㉠과 ㉡의 합을 구하시오.

$$\cdot \, ㉠ \div 5 = ㉡ \qquad \cdot \, 7 \times ㉡ = 56$$

답 (   )

[보기] 5   48   8

- $7 \times ㉡ = 56$

  $㉡ = 56 \div 7$

  $ = \boxed{}$

- $㉠ \div 5 = ㉡$

  $㉠ \div 5 = 8$

  $㉠ = \boxed{} \times 8$

  $ = 40$

  $㉠ + ㉡ = 40 + 8$

  $ = \boxed{}$

08 ㉠과 ㉡에 알맞은 수의 합을 구하시오.

- ㉡을 ㉠으로 나누면 몫은 6이다.
- ㉠과 ㉡의 차는 25이다.

답 (   )

[보기] 35   2   30

- ㉡ ÷ ㉠ = 6

㉡ = ㉠ × 6 이므로

㉠	1		3	4	5	…
㉡	6	12	18	24		…

- ㉡ − ㉠ = 25인 경우는

㉠ = 5 , ㉡ = 30

㉠ + ㉡ = 5 + 30

=

09 다음과 같은 규칙으로 수를 늘어놓았다. 24번째 수는 무엇인지 구하시오.

$$1\ 2\ 3\ 4\ 1\ 2\ 3\ 4\ 1\ 2\ 3\ 4\ \cdots$$

답 (   )

[보기]   4   6   24

(1 2 3 4)가 반복되는 규칙으로

한 묶음 안의 수는 4개이다.

☐ ÷ 4 = 6 이므로

24번째 수는 ☐번째 묶음의

마지막 수이다.

24번째 수 : ☐

10 일정한 빠르기로 1시간에 7m를 가는 지렁이와 1시간에 9m를 가는 달팽이가 있다. 이 지렁이와 달팽이가 같은 곳에서 동시에 같은 방향으로 출발했다면 지렁이가 56m 갔을 때, 달팽이는 지렁이보다 몇 m 앞서 있는지 구하시오.

답 ( )m

[보기] 8   16   8

지렁이가 56m를 가는 데 걸린 시간

= 56 ÷ 7

= ☐ (시간)

8시간 동안 달팽이가 간 거리

= 9 × ☐

= 72 (m)

달팽이가 지렁이보다 앞서 있는 거리

= 72 − 56

= ☐ (m)

11 토끼 2마리가 하루에 당근 6개를 먹는다. 모든 토끼가 매일 똑같은 수의 당근을 먹는다면 토끼 3마리가 당근 54개를 먹는 데 며칠이 걸리는지 구하시오.

답 ( )일

[보기] 6 3 2

토끼 한 마리가 하루에 먹는 당근의 수
= 6 ÷ ☐ = 3 (개)

토끼 3마리가 하루에 먹는 당근의 수
= 3 × ☐ = 9 (개)

토끼 3마리가 당근 54개를 먹는 데 걸리는 날수
= 54 ÷ 9 = ☐ (일)

12 지희네 농장에서 기르는 타조와 돼지의 다리를 세어 보니 모두 40개였다. 타조가 6마리일 때, 돼지는 몇 마리인지 구하시오.

답 (　　　)마리

[보기]　7　2　40

타조 한 마리의 다리는

2개이므로

타조 6마리의 다리 수

= 6 × ☐ = 12 (개)

돼지의 다리는

☐ - 12 = 28 (개) 이고,

돼지 한 마리의 다리는

4개이므로

돼지의 수

= 28 ÷ 4 = ☐ (마리)

STEP 2 심화

13 ㉠과 ㉡ 식당에서 떡을 만들고 있다. ㉠ 식당에서는 1분에 5개씩 만들고, ㉡ 식당에서는 1분에 7개씩 만든다. ㉡ 식당에서 ㉠ 식당보다 2분 먼저 떡을 만들기 시작하여 56개를 만들었을 때, ㉠ 식당에서 만든 떡은 몇 개인지 구하시오.

답 (   ) 개

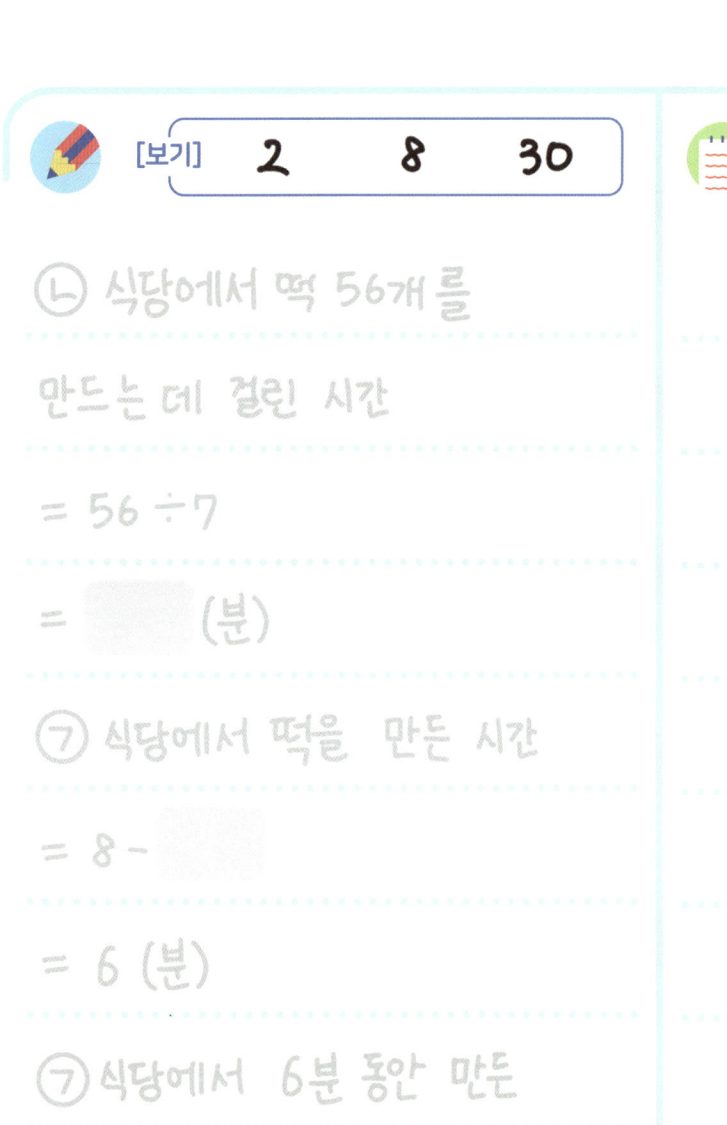

[보기] 2   8   30

㉡ 식당에서 떡 56개를 만드는 데 걸린 시간
= 56 ÷ 7
=   (분)

㉠ 식당에서 떡을 만든 시간
= 8 −
= 6 (분)

㉠ 식당에서 6분 동안 만든 떡의 수
= 5 × 6
=   (개)

14 통나무를 쉬지 않고 6토막으로 자르는 데 20분이 걸린다. 통나무를 한 번 자르고 나서 3분씩 쉰다면 통나무를 9토막으로 자르는 데 걸리는 시간은 모두 몇 분인지 구하시오. (단, 통나무를 한 번 자르는 데 걸리는 시간은 일정하다.)

답 ( )분

[보기] 53   7   5

통나무를 6토막으로 자르려면

6 − 1 = 5(번) 잘라야 하므로

통나무를 한 번 자르는 데

걸리는 시간 = 20 ÷ ☐ = 4(분)

통나무를 9토막으로 자르려면

9 − 1 = 8(번) 자르고,

8 − 1 = 7(번) 쉬어야 한다.

통나무를 8번 자르는 데

걸리는 시간 = 4 × 8 = 32(분),

쉬는 시간의 합 = 3 × ☐ = 21(분)

32 + 21 = ☐ (분)

01 인서가 농장에서 오전에 딴 사과 32개와 오후에 딴 사과 13개를 상자에 똑같이 나누어 담았더니 5상자였다. 한 상자에 사과를 몇 개씩 담았는지 구하시오.

답 ( )개

[보기] 5   9   13

오전과 오후에 딴 사과의 수
= 32 + ☐
= 45(개)

한 상자에 담은 사과의 수
= 45 ÷ ☐
= ☐ (개)

02 혜지는 한 봉지에 6개씩 들어 있는 붕어빵 4봉지를 사서 친구 8명에게 똑같이 나누어 주려고 한다. 친구 한 명에게 붕어빵을 몇 개씩 나누어 줄 수 있는지 구하시오.

답 (　　　)개

[보기]　3　6　24

4봉지에 들어 있는 붕어빵의 수

= ☐ × 4

= 24 (개)

친구 한 명에게 나누어 줄 수 있는 붕어빵의 수

= ☐ ÷ 8

= ☐ (개)

STEP 3

03 가장 큰 수를 가장 작은 수로 나눈 몫을 구하시오.

| 48 56 7 32 9 |

답 ( )

[보기] 8 작은 큰

56 > 48 > 32 > 9 > 7

가장 [ ] 수 : 56

가장 [ ] 수 : 7

56 ÷ 7 = [ ]

04 어떤 수를 3으로 나누어야 할 것을 잘못하여 4로 나누었더니 몫이 6이 되었다. 바르게 계산하면 얼마인지 구하시오.

답 (   )

[보기]   8   6

어떤 수를 □라 하면

□ ÷ 4 = 6

□ = 4 ×

  = 24

바르게 계산하면

24 ÷ 3 =

STEP 3

05 다음은 크기가 같은 정사각형 3개를 겹치지 않게 이어 붙여 만든 도형이다. 정사각형의 네 변의 길이의 합이 28cm라면 도형을 둘러싼 굵은 선의 길이는 몇 cm인지 구하시오.

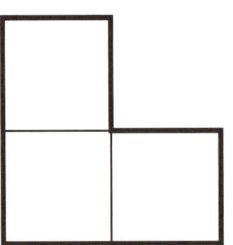

답 ( )cm

[보기] 56   8   7

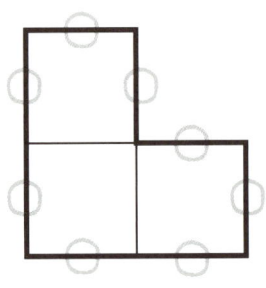 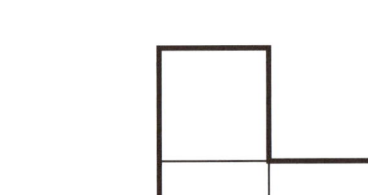

정사각형의 한 변의 길이

= 28 ÷ 4 = ____ (cm)

도형을 둘러싼 굵은 선의 길이는

정사각형의 한 변의 길이의

____ 배이다.

도형을 둘러싼 굵은 선의 길이

= 7 × 8 = ____ (cm)

06 ㉠과 ㉡에 알맞은 수의 차를 구하시오.

- ㉠ ÷ 7 = 24 ÷ 3
- 35 ÷ ㉡ = 56 ÷ 8

답 ( )

[보기] 35   8   51

- ㉠ ÷ 7 = 24 ÷ 3
- ㉠ ÷ 7 =
- ㉠ = 7 × 8 = 56
- 35 ÷ ㉡ = 56 ÷ 8
- 35 ÷ ㉡ = 7
- ㉡ × 7 =
- ㉡ = 35 ÷ 7 = 5
- ㉠ - ㉡ = 56 - 5
-   =

STEP 3

07 ㉠과 ㉡에 알맞은 수의 차를 구하시오.

- ㉠을 ㉡으로 나누면 몫은 4이다.
- ㉠과 ㉡의 합은 30이다.

답 ( )

  [보기] 6   18   24

- ㉠ ÷ ㉡ = 4

  ㉠ = ㉡ × 4 이므로

㉠	4	8	12	16	20	24	…
㉡	1	2	3	4	5	6	…

- ㉠ + ㉡ = 30인 경우는

  ㉠ =   , ㉡ =

  ㉠ − ㉡ = 24 − 6

  =

08 길이가 48m이고 곧게 뻗은 도로의 양쪽에 처음부터 끝까지 6m 간격으로 나무를 심으려고 한다. 필요한 나무는 모두 몇 그루인지 구하시오. (단, 나무의 두께는 생각하지 않는다.)

답 (　　　　)그루

[보기]　18　8　1

나무 사이의 간격 수

= 48 ÷ 6

= ◯ (군데)

도로의 한쪽에 필요한 나무의 수

= 8 + ◯

= 9 (그루)

도로의 양쪽에 필요한 나무의 수

= 9 × 2

= ◯ (그루)

4 곱셈

이번 단원에서 학습할 내용!

⭐ (몇십)×(몇)
⭐ 올림이 없는 (몇십몇)×(몇)
⭐ 십의 자리에서 올림이 있는 (몇십몇)×(몇)
⭐ 일의 자리에서 올림이 있는 (몇십몇)×(몇)
⭐ 십, 일의 자리에서 올림이 있는 (몇십몇)×(몇)

01 귤은 42개 있고 복숭아는 귤보다 30개 더 많이 있다. 배는 복숭아 수의 3배만큼 있다. 배는 모두 몇 개 있는지 구하시오.

답 (   )개

[보기]   72   216   30

복숭아의 수
= 42 + ☐
= 72 (개)

배의 수
= ☐ × 3
= ☐ (개)

128

02 쿠키가 100개 있었다. 쿠키를 한 봉지에 13개씩 7상자에 담았다. 7상자에 담고 남은 쿠키는 몇 개인지 구하시오.

답 (   )개

[보기]   9   91   100

7상자에 담은 쿠키의 수
= 13 × 7
= ☐ (개)

남은 쿠키의 수
= ☐ − 91
= ☐ (개)

 기본

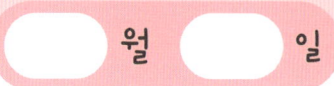 월 일

03 □ 안에 들어갈 수 있는 두 자리 수는 모두 몇 개인지 구하시오.

$$42 \times 2 < \square < 11 \times 8$$

답 ( )개

[보기] 3   84   88

42 × 2 = ,

11 × 8 = 이므로

84 < □ < 88

□ 안에 들어갈 수 있는

두 자리 수: 85, 86, 87 → 개

04 ㉡에 알맞은 수를 구하시오.

$$8 \times 4 = ㉠ \qquad ㉠ \times 4 = ㉡$$

답 (   )

[보기]  128   32

· 8 × 4 = 32

㉠ = 32

· ㉠ × 4 = ㉡

32 × 4 = 128

㉡ =

STEP 1 응용

05 소희네 농장에 닭 44마리와 소 12마리가 있다. 이 농장에 있는 닭과 소의 다리는 모두 몇 개인지 구하시오.

답 (　　　)개

[보기]　48　88　136

닭의 다리 수
= 44 × 2
=　　　(개)

소의 다리 수
= 12 × 4
=　　　(개)

닭과 소의 다리 수
= 88 + 48
=　　　(개)

06

곧게 뻗은 도로의 한쪽에 처음부터 끝까지 나무 7그루를 24m 간격으로 심었다. 이 도로의 길이는 몇 m인지 구하시오. (단, 나무의 두께는 생각하지 않는다.)

답 (   )m

[보기]   6   144   1

나무 사이의 간격 수

= 7 - 1

= 6 (군데)

도로의 길이

= 24 × 6

= 144 (m)

 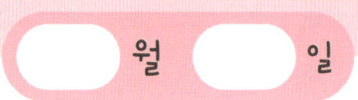

07 어떤 수에 8을 곱해야 할 것을 잘못하여 어떤 수에 8을 더했더니 37이 되었다. 바르게 계산하면 얼마인지 구하시오.

답 (   )

[보기] 8   37   232

어떤 수를 □라 하면

□ + 8 =

□ = 37 −

 = 29

바르게 계산하면

29 × 8 =

08 다음의 규칙을 찾아 빈칸에 알맞은 수를 구하시오.

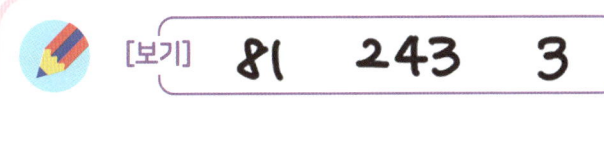

답 (   )

[보기] 81   243   3

3 X 3 = 9, 9 X 3 = 27,
27 X 3 = 81 이므로
바로 앞의 수에
3을 곱하는 규칙이다.
빈칸에 알맞은 수
= 81 X 3
= 243

STEP 1 응용

월 일

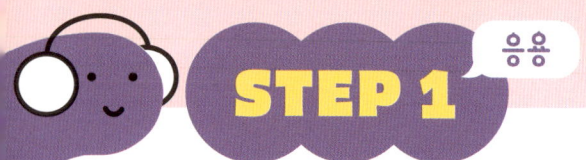

09 다음과 같이 길이가 76cm인 종이 7장을 25cm씩 겹쳐서 이어 붙였다. 이어 붙인 종이의 전체 길이는 몇 cm인지 구하시오.

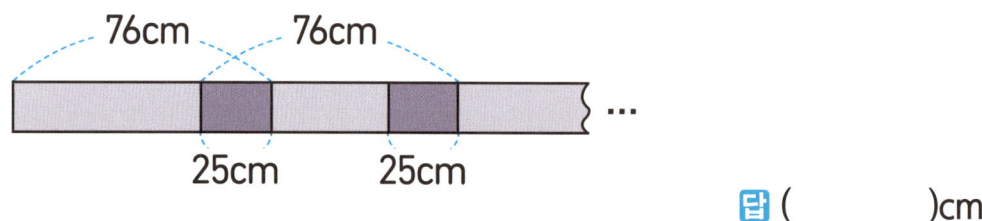

답 (   )cm

[보기] 150 382 532

종이 7장의 길이의 합

= 76 × 7 = (cm)

겹쳐진 부분의 수

= 7 - 1 = 6 (군데)

겹쳐진 부분의 길이의 합

= 25 × 6 = (cm)

이어 붙인 종이의 전체 길이

= 532 - 150 = (cm)

10 세 수 ㉠, ㉡, ㉢이 있다. ㉢은 ㉡의 8배이고, ㉡은 ㉠의 7배이다. ㉠의 5배가 30일 때, ㉠ + ㉡ + ㉢을 구하시오.

답 (   )

[보기] 336　384　5

㉠ × 5 = 30

㉠ = 30 ÷ ☐

= 6

㉡ = ㉠ × 7

= 6 × 7

= 42

㉢ = ㉡ × 8

= 42 × 8

= ☐

㉠ + ㉡ + ㉢ = 6 + 42 + 336

= ☐

STEP 1 심화

11 식탁에 쿠키, 사탕, 초콜릿이 있다. 쿠키의 수는 초콜릿 수의 3배이고, 사탕의 수는 초콜릿 수의 4배이다. 쿠키와 사탕의 수의 합이 140개라면 초콜릿은 몇 개인지 구하시오.

답 (　　　)개

[보기] 7　20　(□×4)

초콜릿의 수를 □개라 하면

쿠키의 수는 (□×3)개,

사탕의 수는 　　　　개이다.

(□×3)+(□×4)=140

(□+□+□)+(□+□+□+□)

=140

□×　　=140

140=20×7이므로

□=20

초콜릿의 수 :　　개

12 민주는 동생과 가위바위보를 하여 이기면 7점을 얻고, 지면 4점을 잃는 놀이를 하였다. 가위바위보를 20번 하여 12번 이겼다면 민주의 점수는 몇 점인지 구하시오. (단, 비기는 경우는 없다.)

답 ( )점

[보기] 8 52 84

민주는 12번 이기고,
20 - 12 = 8(번) 졌다.

민주가 얻은 점수
= 12 × 7
= 84 (점)

민주가 잃은 점수
= 8 × 4
= 32 (점)

민주의 점수
= 84 - 32
= 52 (점)

STEP 1 심화

13 강당에 긴 의자가 43개 있다. 학생들이 한 의자에 8명씩 앉았더니 마지막 의자에는 7명만 앉고 남은 의자는 없었다. 학생은 모두 몇 명인지 구하시오.

답 ( )명

 [보기] 343 336 1

8명씩 앉아 있는 의자의 수
= 43 - ☐
= 42 (개)

8명씩 앉아 있는 학생 수
= 42 × 8
= ☐ (명)

전체 학생 수
= 336 + 7
= ☐ (명)

14 길이가 63m이고 곧게 뻗은 도로의 한쪽에 처음부터 끝까지 9m 간격으로 나무를 심으려고 한다. 나무 한 그루를 심는 데 12분이 걸리고, 심은 후 3분을 쉰다면 이 도로에 나무를 모두 심는 데 걸리는 시간은 몇 분인지 구하시오. (단, 나무의 두께는 생각하지 않는다.)

답 (　　　)분

[보기]　1　　96　　117

나무 사이의 간격 수
= 63 ÷ 9 = 7(군데)

심을 나무의 수 = 7 + 1 = 8(그루)

나무 8그루를 심는 데 걸리는 시간
= 8 × 12 = 96 (분)

마지막 나무를 심은 후 쉬는 시간은 필요 없으므로 8 - 1 = 7(번) 쉰다.

쉬는 시간의 합
= 7 × 3 = 21(분)

나무를 모두 심는 데 걸리는 시간
= 96 + 21 = 117 (분)

STEP 2 기본

월 일

01 한 상자에 53개씩 들어 있는 사탕이 3상자 있다. 사탕이 200개가 되려면 몇 개가 더 필요한지 구하시오.

답 ( )개

[보기] 200   41   159

3상자에 들어 있는 사탕의 수
= 53 × 3
= ▢ (개)

더 필요한 사탕의 수
= ▢ - 159
= ▢ (개)

02 매일 교과서를 온유는 14쪽씩, 정후는 15쪽씩 읽었다. 두 사람이 3일 동안 읽은 교과서는 모두 몇 쪽인지 구하시오.

답 (　　　)쪽

[보기]　15　　87　　29

두 사람이 매일 읽은 교과서 쪽 수
= 14 + 〇〇
= 29 (쪽)

두 사람이 3일 동안 읽은 교과서 쪽 수
= 〇〇 × 3
= 〇〇 (쪽)

STEP 2 기본

03 학생들이 한 모둠에 18명씩 4모둠으로 앉아 있다. 앉아 있는 학생 한 명에게 초콜릿을 9개씩 주려고 한다. 필요한 초콜릿은 모두 몇 개인지 구하시오.

답 (　　　)개

[보기]　9　　72　　648

전체 학생 수

= 18 × 4

= ____ (명)

필요한 초콜릿의 수

= 72 × ____

= ____ (개)

04 학생들이 한 줄에 13명씩 6줄로 서 있고 우유는 한 상자에 10개씩 7상자 있다. 학생 한 명에게 우유를 1개씩 주면 모자라는 우유는 몇 개인지 구하시오.

답 (   )개

[보기]   70   8   78

전체 학생 수

= 13 × 6

= ▨ (명)

전체 우유의 수

= 10 × 7

= ▨ (개)

모자라는 우유의 수

= 78 − 70

= ▨ (개)

05 운동장에 두발자전거가 67대, 세발자전거가 45대 있다. 운동장에 있는 두발자전거와 세발자전거의 바퀴는 모두 몇 개인지 구하시오.

답 ( )개

[보기] 269   135   134

두발자전거의 바퀴 수
= 67 × 2
=   (개)

세발자전거의 바퀴 수
= 45 × 3
=   (개)

두발자전거와 세발자전거의 바퀴 수
= 134 + 135
=   (개)

06 곧게 뻗은 도로의 양쪽에 처음부터 끝까지 나무 18그루를 31m 간격으로 심었다. 이 도로의 길이는 몇 m인지 구하시오. (단, 나무의 두께는 생각하지 않는다.)

답 ( )m

[보기] 1   248   2

도로의 한쪽에 심은 나무의 수
= 18 ÷
= 9 (그루)

나무 사이의 간격 수
= 9 -
= 8 (군데)

도로의 길이
= 31 × 8
=   (m)

 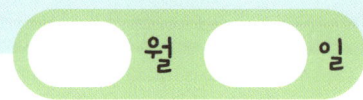

07 어떤 수에 9를 곱해야 할 것을 잘못하여 어떤 수에서 9를 뺐더니 34가 되었다. 바르게 계산하면 얼마인지 구하시오.

답 (   )

[보기]　9　　34　　387

어떤 수를 □라 하면

□ - 9 = 34

□ = 34 + 9

   = 43

바르게 계산하면

43 × 9 = 387

08 다음의 규칙을 찾아 빈칸에 알맞은 수를 구하시오.

12 — 24 — 48 — 96 — ☐

답 (   )

[보기]   96   192   48

$12 \times 2 = 24$, $24 \times 2 = \boxed{}$,

$48 \times 2 = 96$ 이므로

바로 앞의 수에

2를 곱하는 규칙이다.

빈칸에 알맞은 수

= ☐ × 2

= ☐

STEP 2 응용

09 다음과 같이 길이가 64cm인 종이 8장을 19cm씩 겹쳐서 이어 붙였다. 이어 붙인 종이의 전체 길이는 몇 cm인지 구하시오.

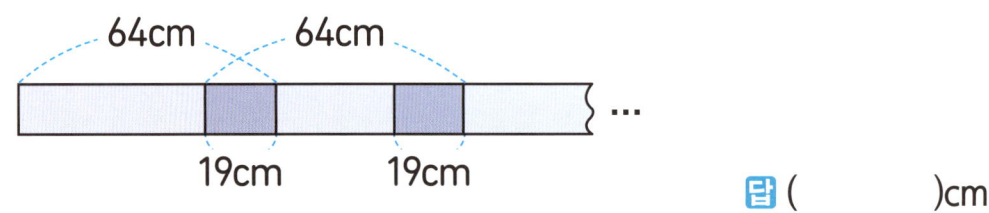

답 (　　　)cm

[보기]　133　　379　　512

종이 8장의 길이의 합
= 64 × 8 = 　　　(cm)

겹쳐진 부분의 수
= 8 - 1 = 7 (군데)

겹쳐진 부분의 길이의 합
= 19 × 7 = 　　　(cm)

이어 붙인 종이의 전체 길이
= 512 - 133 = 　　　(cm)

10 세 수 ㉠, ㉡, ㉢이 있다. ㉢은 ㉡의 7배이고, ㉡은 ㉠의 6배이다. ㉠의 5배가 35일 때, ㉠ + ㉡ + ㉢을 구하시오.

답 (　　　　)

[보기] 343　　35　　294

㉠ × 5 = 35

㉠ = 35 ÷ 5

　 = 7

㉡ = ㉠ × 6

　 = 7 × 6

　 = 42

㉢ = ㉡ × 7

　 = 42 × 7

　 = 294

㉠ + ㉡ + ㉢ = 7 + 42 + 294

　　　　　 = 343

STEP 2 심화

11 식당에 호박, 감자, 고구마가 있다. 호박의 수는 고구마 수의 2배이고, 감자의 수는 고구마 수의 5배이다. 호박과 감자의 수의 합이 210개라면 고구마는 몇 개인지 구하시오.

답 (　　　)개

[보기]　(□×5)　7　30

고구마의 수를 □개라 하면

호박의 수는 (□×2)개,

감자의 수는 　　　　 개이다.

(□×2) + (□×5) = 210

(□+□)+(□+□+□+□+□)

= 210

□ × 　　 = 210

210 = 30 × 7 이므로

□ = 30

고구마의 수 : 　　 개

12 은서는 친구와 가위바위보를 하여 이기면 5점을 얻고, 지면 3점을 잃는 놀이를 하였다. 가위바위보를 25번 하여 5번 졌다면 은서의 점수는 몇 점인지 구하시오. (단, 비기는 경우는 없다.)

답 (　　　)점

[보기]　3　　85　　100

은서는 25-5 = 20(번) 이기고,

5번 졌다.

은서가 얻은 점수

= 20 × 5

= ____ (점)

은서가 잃은 점수

= 5 × ____

= 15 (점)

은서의 점수

= 100 - 15

= ____ (점)

STEP 2 심화

13 공연장에 긴 의자가 35개 있다. 학생들이 한 의자에 7명씩 앉았더니 마지막 의자에는 6명만 앉고 남은 의자는 없었다. 학생은 모두 몇 명인지 구하시오.

답 ( )명

[보기] 1   244   238

7명씩 앉아 있는 의자의 수
= 35 - ☐
= 34 (개)

7명씩 앉아 있는 학생 수
= 34 × 7
= ☐ (명)

전체 학생 수
= 238 + 6
= ☐ (명)

14 길이가 56m이고 곧게 뻗은 도로의 한쪽에 처음부터 끝까지 7m 간격으로 나무를 심으려고 한다. 나무 한 그루를 심는 데 11분이 걸리고, 심은 후 5분을 쉰다면 이 도로에 나무를 모두 심는 데 걸리는 시간은 몇 분인지 구하시오. (단, 나무의 두께는 생각하지 않는다.)

답 ( )분

[보기]　139　　99　　1

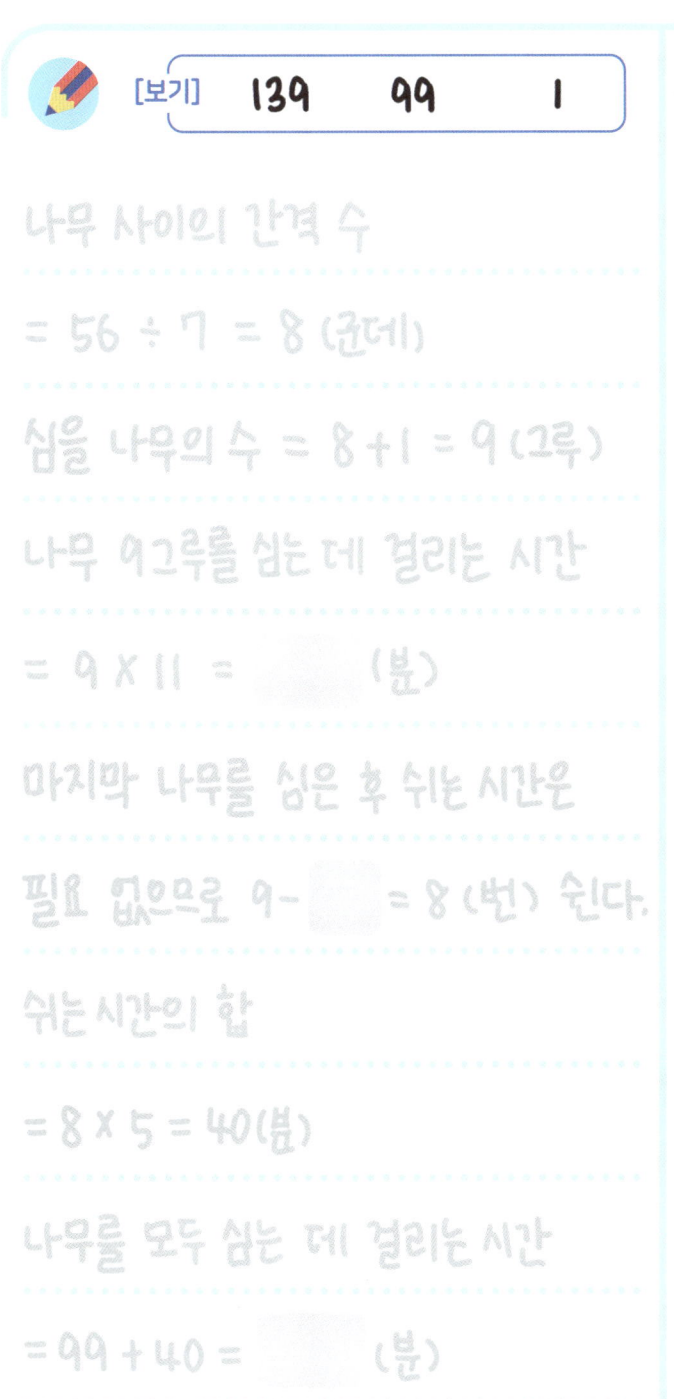

나무 사이의 간격 수
= 56 ÷ 7 = 8 (군데)

심을 나무의 수 = 8 + 1 = 9 (그루)

나무 9그루를 심는 데 걸리는 시간
= 9 × 11 =　　(분)

마지막 나무를 심은 후 쉬는 시간은 필요 없으므로 9 -　= 8 (번) 쉰다.

쉬는 시간의 합
= 8 × 5 = 40 (분)

나무를 모두 심는 데 걸리는 시간
= 99 + 40 =　　(분)

STEP 3

01 과일 가게에 한 상자에 24개씩 들어 있는 사과가 8상자 있었다. 그중에서 3상자를 팔았다면 남은 사과는 몇 개인지 구하시오.

답 ( )개

[보기] 5   120   3

남은 상자의 수
= 8 - ☐
= 5 (상자)

남은 사과의 수
= 24 × ☐
= ☐ (개)

02 □ 안에 들어갈 수 있는 두 자리 수 중 가장 작은 수를 구하시오.

$$23 \times 3 < \square$$

답 (   )

[보기] 70   69

23×3 = ☐ 이므로

69 < □

□ 안에 들어갈 수 있는

두 자리 수 중 가장 작은 수:

03 길이가 35cm인 자를 이용하여 색 테이프의 길이를 재었다. 색 테이프의 길이가 자의 길이의 4배보다 19cm 더 길다면 색 테이프의 길이는 몇 cm인지 구하시오.

답 (   )cm

[보기] 159   140   19

자의 길이의 4배
= 35 × 4
= 140 (cm)

색 테이프의 길이
= 140 + 19
= 159 (cm)

04

두 수 ㉠, ㉡이 있다. ㉠은 ㉡의 8배이고 ㉡의 6배는 42일 때, ㉠ × ㉡을 구하시오.

답 (   )

[보기] 7   392   6

㉡ × 6 = 42

㉡ = 42 ÷

  = 7

㉠ = ㉡ × 8

  =   × 8

  = 56

㉠ × ㉡ = 56 × 7

      =

05 다음과 같이 한 변의 길이가 12cm인 정사각형 3개를 겹치지 않게 이어 붙여 직사각형을 만들었다. 만든 직사각형의 네 변의 길이의 합은 몇 cm인지 구하시오.

답 (　　　)cm

[보기] 96　　8

직사각형의 네 변의 길이의 합은

정사각형의 한 변의 길이의

□ 배이다.

직사각형의 네 변의 길이의 합

= 12 × 8

= □ (cm)

06 채호는 금요일마다 줄넘기를 45번씩 한다. 5월 23일 금요일부터 7월 6일까지 채호는 줄넘기를 모두 몇 번 하게 되는지 구하시오.

답 (   )번

[보기] 7   6   315

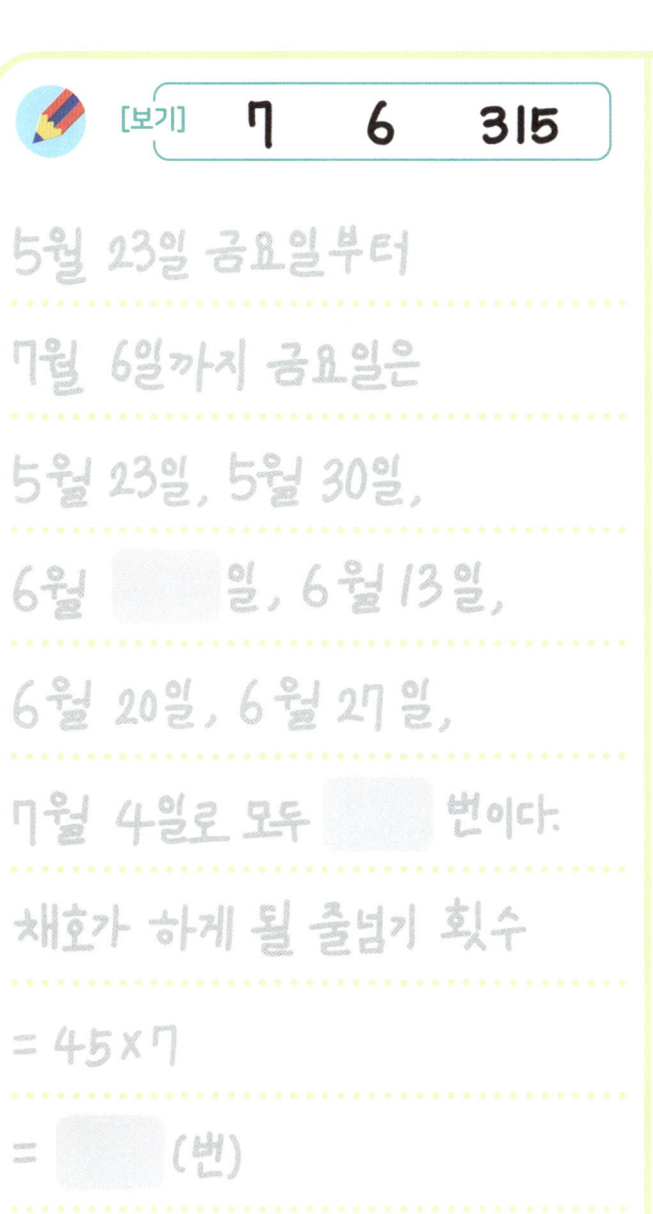

5월 23일 금요일부터
7월 6일까지 금요일은
5월 23일, 5월 30일,
6월 ㅁ일, 6월 13일,
6월 20일, 6월 27일,
7월 4일로 모두 ㅁ번이다.
채호가 하게 될 줄넘기 횟수
= 45 × 7
= ㅁ (번)

STEP 3

07 다음과 같이 길이가 38cm인 색 테이프 7장을 6cm씩 겹쳐서 이어 붙였다. 이어 붙인 색 테이프의 전체 길이는 몇 cm인지 구하시오.

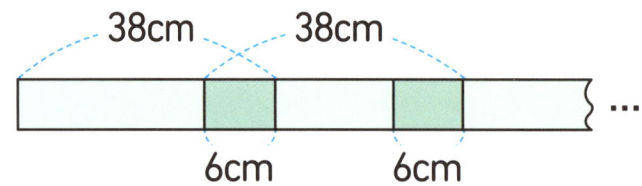

답 (　　　)cm

[보기]　36　230　266

색 테이프 7장의 길이의 합
= 38 × 7 = ☐ (cm)

겹쳐진 부분의 수
= 7 − 1 = 6 (군데)

겹쳐진 부분의 길이의 합
= 6 × 6 = 36 (cm)

이어 붙인 색 테이프의 전체 길이
= 266 − ☐ = ☐ (cm)

08 △가 나타내는 수는 모두 같은 수이다. △에 알맞은 수를 구하시오.

$$\begin{array}{r} \triangle\,\triangle \\ \times\quad\triangle \\ \hline 3\ 9\ 6 \end{array}$$

답 (   )

[보기]   6   176   396

같은 두 수의 곱의 일의 자리
수가 6인 경우는
4×4=16, 6×6=36이므로
1) △= 4인 경우
    44 × 4 =
2) △= 6인 경우
    66 × 6 =
△에 알맞은 수 :

5 길이와 시간

이번 단원에서 학습할 내용!

- mm 단위
- km 단위
- 초 단위
- 시간의 덧셈과 뺄셈

STEP 1 기본

01 민수는 숙제를 7시 50분 30초에 시작하여 2시간 15분 40초 동안 하였다. 민수가 숙제를 끝낸 시각은 몇 시 몇 분 몇 초인지 구하시오.

답 (   )시 (   )분 (   )초

[보기] 10   6

민수가 숙제를 끝낸 시각
= 7시 50분 30초 + 2시간 15분 40초
= 10시 ☐분 ☐초

02 가희는 총 3코스로 되어 있는 둘레길을 모두 걸었다. 가희가 걸은 거리는 몇 km 몇 m인지 구하시오.

둘레길의 코스별 거리

1코스	2코스	3코스
10km 600m	12km	9700m

답 (　　　)km (　　　)m

[보기] 300   700   600

9700m = 9km ⬜ m

가희가 걸은 거리

= 10km ⬜ m + 12km

　+ 9km 700m

= 32km ⬜ m

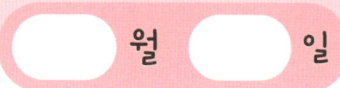

03 진서가 집에서 약국까지 길을 따라가려고 한다. 적어도 몇 km 몇 m를 가야 약국에 도착할 수 있는지 구하시오.

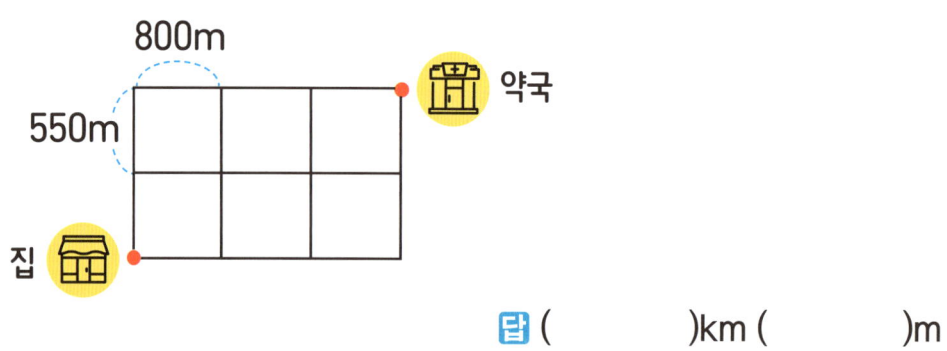

답 (　　　)km (　　　)m

[보기]　3　위쪽　오른쪽

집에서 약국까지 가려면

적어도 [　] 으로 3칸

[　] 으로 2칸 가야 한다.

(800m+800m+800m)

+(550m+550m)

= 3500m

= [　] km 500m

04

다음 시계는 로아가 공부를 끝낸 시각을 나타낸 것이다. 로아가 공부를 97분 25초 동안 했다면 공부를 시작한 시각은 몇 시 몇 분 몇 초인지 구하시오.

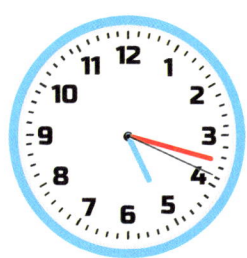

답 (　　　)시 (　　　)분 (　　　)초

[보기]　17　　37　　39

97분 25초 = 1시간 ___ 분 25초

공부를 끝낸 시각 : 5시 ___ 분 19초

공부를 시작한 시각

= 5시 17분 19초 − 1시간 37분 25초

= 3시 ___ 분 54초

05 어느 양초에 불을 붙이고 9분이 지난 후에 길이를 재어 보니 13cm 7mm였다. 이 양초가 1분에 5mm씩 타들어 간다면 처음 양초의 길이는 몇 cm 몇 mm인지 구하시오. (단, 양초가 타는 빠르기는 일정하다.)

답 (　　　)cm (　　　)mm

[보기]　2　4　9

9분 동안 타들어 간 양초의 길이
= 5 × ☐
= 45 (mm)
= ☐ cm 5mm

처음 양초의 길이
= 13cm 7mm + 4cm 5mm
= 18cm ☐ mm

06 하루에 24초씩 일정하게 빨라지는 시계가 있다. 이 시계를 오늘 오전 10시 40분에 정확히 맞추어 놓았다. 일주일 후 오전 10시 40분에 이 시계가 가리키는 시각은 오전 몇 시 몇 분 몇 초인지 구하시오.

답 오전 ( )시 ( )분 ( )초

[보기] 42   2   10

일주일은 7일이므로

7일 동안 이 시계가 빨라지는 시간

= 24 × 7

= 168(초)

= 2분 48초

7일 후 오전 10시 40분에

이 시계가 가리키는 시각

= 오전 10시 40분 + 2분 48초

= 오전 10시 42분 48초

07

다음과 같은 두 종이가 있다. 짧은 종이가 긴 종이보다 3cm 8mm 더 짧을 때, 두 종이의 길이의 합은 몇 cm 몇 mm인지 구하시오.

116mm

답 (　　)cm (　　)mm

[보기]　8　　19　　11

116mm = ☐ cm 6mm

짧은 종이의 길이

= 11cm 6mm − 3cm 8mm

= 7cm ☐ mm

두 종이의 길이의 합

= 11cm 6mm + 7cm 8mm

= ☐ cm 4mm

08 인수와 예서가 달리기를 했다. 인수는 2km보다 300m 더 긴 거리를 달렸고, 예서는 둘레가 500m인 공원을 3바퀴 달렸다. 두 사람이 달린 거리의 차는 몇 m인지 구하시오.

답 (　　　)m

[보기] 800　　300　　500

인수가 달린 거리
= 2km + 300m
= 2km ☐ m

예서가 달린 거리
= 500m + 500m + 500m
= 1500m
= 1km ☐ m

두 사람이 달린 거리의 차
= 2km 300m - 1km 500m
= ☐ m

STEP 1 응용

09 15분 동안 18km 600m를 가는 기차가 있다. 이 기차가 같은 빠르기로 8시 30분부터 9시까지 쉬지 않고 갔다면 기차가 간 거리는 몇 km 몇 m인지 구하시오.

답 ( )km ( )m

[보기] 200   30   37

기차가 간 시간
= 9시 − 8시 30분
= ☐ 분

30 = 15 + 15 이므로

기차가 간 거리
= 18km 600m + 18km 600m
= ☐ km ☐ m

10 유라가 어제와 오늘 독서를 시작한 시각과 끝낸 시각을 나타낸 것이다. 어제와 오늘 독서를 한 시간이 모두 1시간 27분 39초였다. 오늘 독서를 끝낸 시각은 몇 시 몇 분 몇 초인지 구하시오.

독서를 시작한 시각과 끝낸 시각

	시작한 시각	끝낸 시각
어제	2시 53분 45초	3시 30분 43초
오늘	3시 46분 30초	

답 ( )시 ( )분 ( )초

[보기] 37   58   50

어제 독서를 한 시간

= 3시 30분 43초 − 2시 53분 45초

= 36분 　초

오늘 독서를 한 시간

= 1시간 27분 39초 − 36분 58초

= 　분 41초

오늘 독서를 끝낸 시각

= 3시 46분 30초 + 50분 41초

= 4시 　분 11초

STEP 1 심화

11 길이의 차가 4cm 8mm인 종이 2장을 겹치지 않게 이어 붙였더니 15cm 8mm가 되었다. 짧은 종이의 길이는 몇 cm 몇 mm인지 구하시오.

답 ( )cm ( )mm

[보기] 5   긴   11

짧은 종이의 길이를 □라 하면

[ ] 종이의 길이는

(□ + 4cm 8mm)이다.

□ + (□ + 4cm 8mm) = 15cm 8mm

□ + □ = 15cm 8mm − 4cm 8mm

= [ ] cm

11cm = 5cm 5mm + 5cm 5mm 이므로

□ = 5cm 5mm

짧은 종이의 길이: 5cm [ ] mm

12 정후는 철인 3종 경기에 참가하였다. 철인 3종 경기는 수영 1km 500m, 자전거 40km, 달리기 10km를 휴식 시간 없이 완주하는 경기이다. 정후의 기록을 보고 달리기 기록은 몇 시간 몇 분 몇 초인지 구하시오.

철인 3종 경기 기록

총 기록 :

출발 시각	오전 8시
수영 기록	54분 18초
자전거 기록	1시간 10분 36초
달리기 기록	
도착 시각	오전 11시 47분 28초

답 (　　　)시간 (　　　)분 (　　　)초

[보기]　3　　34　　42

총 기록
= 11시 47분 28초 − 8시
= 　　시간 47분 28초

달리기 기록
= 3시간 47분 28초 − 54분 18초
　− 1시간 10분 36초
= 2시간 53분 10초 − 1시간 10분 36초
= 1시간 　　분 　　초

STEP 1 (심화)

13 보희네 학교에서 서점까지 가는 데 29분 57초가 걸리고, 서점에서 지하철역까지 가는 데 56분 18초가 걸린다. 보희가 학교에서 출발하여 서점을 지나 지하철역에 오후 3시 15분까지 도착하려면 늦어도 학교에서 오후 몇 시 몇 분 몇 초에 출발해야 하는지 구하시오.

답 오후 (   )시 (   )분 (   )초

[보기]   45   48   26

학교에서 출발하여 서점을 지나
지하철역까지 가는 데 걸리는 시간
= 29분 57초 + 56분 18초
= 1시간 ㅁ분 15초

학교에서 출발해야 하는 시각
= 오후 3시 15분 - 1시간 26분 15초
= 오후 1시 ㅁ분 ㅁ초

14 ㉠ 시계는 한 시간에 20초씩 빨라지고, ㉡ 시계는 한 시간에 15초씩 늦어진다고 한다. ㉠과 ㉡ 시계를 오늘 오전 9시에 정확히 맞추어 놓았다면 같은 날 오후 6시에 두 시계가 가리키는 시각의 차는 몇 분 몇 초인지 구하시오.

답 (　　) 분 (　　) 초

[보기]　2　5　9

오전 9시부터 오후 6시까지는

9 시간이므로

9시간 동안 ㉠시계가 빨라지는 시간

= 20 × 9 = 180 (초) = 3분

9시간 동안 ㉡시계가 늦어지는 시간

= 15 × 9 = 135 (초) = 2 분 15초

두 시계가 가리키는 시각의 차

= 3분 + 2분 15초 = 5 분 15초

STEP 2 기본

01
수호가 2시간 15분 40초 동안 버스를 타고 시계를 보았더니 11시 3분 28초였다. 수호가 버스를 탄 시각은 몇 시 몇 분 몇 초인지 구하시오.

답 (8)시 (47)분 (48)초

[보기] 48   47

수호가 버스를 탄 시각
= 11시 3분 28초 - 2시간 15분 40초
= 8시 47분 48초

02

철사를 겹치지 않게 사용하여 짧은 변이 2cm 6mm이고, 긴 변이 짧은 변의 4배인 직사각형을 만들려고 한다. 필요한 철사의 길이는 몇 cm인지 구하시오.

답 (   )cm

[보기] 26   26   10

2cm 6mm = ___ mm

긴 변의 길이

= 26 × 4

= 104 (mm)

= ___ cm 4mm

필요한 철사의 길이

= 2cm 6mm + 10cm 4mm

  + 2cm 6mm + 10cm 4mm

= ___ cm

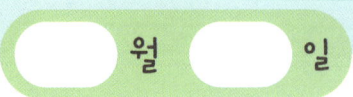

03

건우는 집에서 우체국까지 길을 따라가려고 한다. 적어도 몇 km 몇 m를 가야 우체국에 도착할 수 있는지 구하시오.

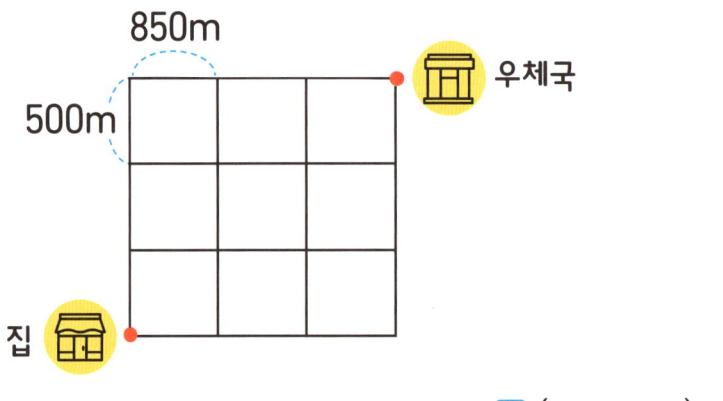

답 (　　　)km (　　　)m

 [보기]　　4　　50　　3

집에서 우체국까지 가려면
적어도 오른쪽으로 3칸,
위쪽으로 　　칸을 가야 한다.
(850m + 850m + 850m)
+ (500m + 500m + 500m)
= 4050m
= 　　km 　　m

04

다음 시계는 소이가 청소를 끝낸 시각을 나타낸 것이다. 소이가 청소를 106분 10초 동안 했다면 청소를 시작한 시각은 몇 시 몇 분 몇 초인지 구하시오.

답 (　　)시 (　　)분 (　　)초

[보기]　35　46　49

106분 10초=1시간 　　분 10초

청소를 끝낸 시각:

3시 　　분 42초

청소를 시작한 시각

= 3시 35분 42초 - 1시간 46분 10초

= 1시 　　분 32초

05
어느 양초에 불을 붙이고 7분이 지난 후에 길이를 재어 보니 12cm 8mm였다. 이 양초가 3분에 15mm씩 타들어 간다면 처음 양초의 길이는 몇 cm 몇 mm인지 구하시오. (단, 양초가 타는 빠르기는 일정하다.)

답 ( )cm ( )mm

[보기] 16   15   7

1분에 타들어 가는 양초의 길이

= ☐ ÷ 3

= 5 (mm)

7분 동안 타들어 간 양초의 길이

= 5 × ☐

= 35 (mm)

= 3cm 5mm

처음 양초의 길이

= 12cm 8mm + 3cm 5mm

= ☐ cm 3mm

06 하루에 25초씩 일정하게 늦어지는 시계가 있다. 이 시계를 오늘 오후 3시에 정확히 맞추어 놓았다. 5일 후 오후 3시에 이 시계가 가리키는 시각은 오후 몇 시 몇 분 몇 초인지 구하시오.

답 오후 (   )시 (   )분 (   )초

[보기] 55   57   2

5일 동안 이 시계가 늦어지는 시간
= 25 × 5
= 125 (초)
=   분 5초

5일 후 오후 3시에 이 시계가 가리키는 시각
= 오후 3시 - 2분 5초
= 오후 2시   분   초

07 다음과 같은 두 종이가 있다. 긴 종이가 짧은 종이보다 2cm 7mm 더 길 때, 두 종이의 길이의 합은 몇 cm 몇 mm인지 구하시오.

102mm

답 ( )cm ( )mm

[보기] 5   10   17

102mm = ☐ cm 2mm

짧은 종이의 길이
= 10cm 2mm - 2cm 7mm
= 7cm ☐ mm

두 종이의 길이의 합
= 10cm 2mm + 7cm 5mm
= ☐ cm 7mm

08 태오와 진우가 달리기를 했다. 태오는 2km보다 100m 더 짧은 거리를 달렸고, 진우는 둘레가 700m인 공원을 4바퀴 달렸다. 두 사람이 달린 거리의 차는 몇 m인지 구하시오.

답 (　　　)m

[보기] 800　900　900

태오가 달린 거리
= 2km - 100m
= 1km 900 m

진우가 달린 거리
= 700m + 700m + 700m + 700m
= 2800m
= 2km 800 m

두 사람이 달린 거리의 차
= 2km 800m - 1km 900m
= 900 m

STEP 2 응용

09 10분 동안 13km 400m를 가는 기차가 있다. 이 기차가 같은 빠르기로 1시 40분부터 2시 10분까지 쉬지 않고 갔다면 기차가 간 거리는 몇 km 몇 m인지 구하시오.

답 (   )km (   )m

[보기] 40   200   30

기차가 간 시간
= 2시 10분 - 1시 40분
= ☐ 분

30 = 10 + 10 + 10 이므로

기차가 간 거리
= 13km 400m + 13km 400m
  + 13km 400m
= ☐ km ☐ m

10 재희가 어제와 오늘 게임을 시작한 시각과 끝낸 시각을 나타낸 것이다. 어제와 오늘 게임을 한 시간이 모두 3시간 17분 28초였다. 오늘 게임을 끝낸 시각은 몇 시 몇 분 몇 초인지 구하시오.

게임을 시작한 시각과 끝낸 시각

	시작한 시각	끝낸 시각
어제	4시 30분 40초	6시 15분 29초
오늘	5시 45분 50초	

답 ( )시 ( )분 ( )초

[보기]　39　　44　　18

어제 게임을 한 시간

= 6시 15분 29초 - 4시 30분 40초

= 1시간 ___분 49초

오늘 게임을 한 시간

= 3시간 17분 28초 - 1시간 44분 49초

= 1시간 32분 ___초

오늘 게임을 끝낸 시각

= 5시 45분 50초 + 1시간 32분 39초

= 7시 ___분 29초

STEP 2 심화

11 길이의 차가 5cm 4mm인 종이 2장을 겹치지 않게 이어 붙였더니 13cm 6mm가 되었다. 긴 종이의 길이는 몇 cm 몇 mm인지 구하시오.

답 (　　)cm (　　)mm

[보기]　9　짧은　19

긴 종이의 길이를 □라 하면

짧은 종이의 길이는

(□ - 5cm 4mm)이다.

□ + (□ - 5cm 4mm) = 13cm 6mm

□ + □ = 13cm 6mm + 5cm 4mm

= 19 cm

19cm = 9cm 5mm + 9cm 5mm 이므로

□ = 9cm 5mm

긴 종이의 길이: 9 cm 5mm

12 정호는 철인 3종 경기에 참가하였다. 철인 3종 경기는 수영 1km 500m, 자전거 40km, 달리기 10km를 휴식 시간 없이 완주하는 경기이다. 정호의 기록을 보고 수영 기록은 몇 분 몇 초인지 구하시오.

철인 3종 경기 기록
총 기록 :

출발 시각	오전 8시
수영 기록	
자전거 기록	1시간 14분 50초
달리기 기록	1시간 7분 25초
도착 시각	오전 11시 16분 33초

답 (　　　)분 (　　　)초

[보기]　54　　3　　43

총 기록
= 11시 16분 33초 - 8시
= ☐시간 16분 33초

수영 기록
= 3시간 16분 33초 - 1시간 14분 50초
　- 1시간 7분 25초
= 2시간 1분 초 - 1시간 7분 25초
= ☐분 18초

STEP 2 심화

13 승호네 집에서 도서관까지 가는 데 38분 45초가 걸리고, 도서관에서 학교까지 가는 데 47분 19초가 걸린다. 승호가 집에서 출발하여 도서관을 지나 학교에 오전 9시 20분까지 도착하려면 늦어도 집에서 오전 몇 시 몇 분 몇 초에 출발해야 하는지 구하시오.

답 오전 (　　) 시 (　　) 분 (　　) 초

[보기]　56　　53　　26

집에서 출발하여 도서관을 지나
학교까지 가는 데 걸리는 시간
= 38분 45초 + 47분 19초
= 1시간 　　분 4초

집에서 출발해야 하는 시각
= 오전 9시 20분 − 1시간 26분 4초
= 오전 7시 　　분 　　초

14 ㉠ 시계는 한 시간에 25초씩 빨라지고, ㉡ 시계는 한 시간에 30초씩 늦어진다고 한다. ㉠과 ㉡ 시계를 오늘 오전 8시에 정확히 맞추어 놓았다면 같은 날 오후 4시에 두 시계가 가리키는 시각의 차는 몇 분 몇 초인지 구하시오.

답 (　　　)분 (　　　)초

[보기] 7　8　3

오전 8시부터 오후 4시까지는

　　시간이므로

8시간 동안 ㉠시계가 빨라지는 시간
= 25 × 8 = 200 (초) = 　 분 20초

8시간 동안 ㉡시계가 늦어지는 시간
= 30 × 8 = 240 (초) = 4분

두 시계가 가리키는 시각의 차
= 3분 20초 + 4분 = 　 분 20초

STEP 3

01 태주는 축구를 1시간 25분 동안 했고, 농구를 1시간 40분 동안 했다. 태주가 축구와 농구를 한 시간은 모두 몇 시간 몇 분인지 구하시오.

답 ( )시간 ( )분

[보기] 3 5

태주가 축구와 농구를 한 시간
= 1시간 25분 + 1시간 40분
= ☐ 시간 ☐ 분

02

혜지가 피아노 연습을 시작한 시각과 끝낸 시각을 나타낸 것이다. 혜지가 피아노 연습을 하는 데 걸린 시간은 몇 시간 몇 분 몇 초인지 구하시오.

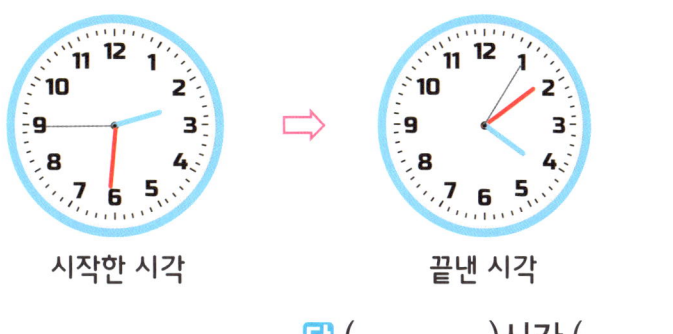

시작한 시각 ⇨ 끝낸 시각

답 ( )시간 ( )분 ( )초

[보기] 9   30   38

시작한 시각 : 2시 ㅤ분 45초

끝낸 시각 : 4시 ㅤ분 5초

혜지가 피아노 연습을 하는 데 걸린 시간

= 4시 9분 5초 - 2시 30분 45초

= 1시간 ㅤ분 20초

STEP 3

03 도희가 등산을 했다. 7시 45분 32초에 출발하여 1시간 50분 39초 동안 올라갔다가 쉬지 않고 1시간 25분 55초 동안 내려왔다. 도희가 내려왔을 때의 시각은 몇 시 몇 분 몇 초인지 구하시오.

답 ( )시 ( )분 ( )초

[보기] 2   6   16

도희가 등산을 하는 데 걸린 시간

= 1시간 50분 39초 + 1시간 25분 55초

= 3시간 ☐분 34초

도희가 내려왔을 때의 시각

= 7시 45분 32초 + 3시간 16분 34초

= 11시 ☐분 ☐초

04

길이가 7cm 5mm인 종이 2장을 14mm가 겹치게 이어 붙였다. 이어 붙인 종이의 전체 길이는 몇 cm 몇 mm인지 구하시오.

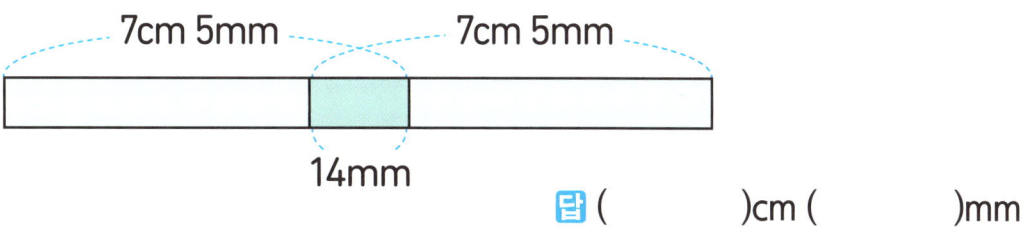

답 (　　　)cm (　　　)mm

[보기]　13　1　15

14mm = ☐ cm 4mm

종이 2장의 길이의 합
= 7cm 5mm + 7cm 5mm
= ☐ cm

이어 붙인 종이의 전체의 길이
= 15cm - 1cm 4mm
= ☐ cm 6mm

STEP 3

05 어느 양초에 불을 붙이고 30분이 지난 후에 길이를 재어 보니 12cm 9mm였다. 이 양초가 10분에 16mm씩 타들어 간다면 처음 양초의 길이는 몇 cm 몇 mm인지 구하시오. (단, 양초가 타는 빠르기는 일정하다.)

답 (   )cm (   )mm

[보기] 3   7   4

30 = 10 + 10 + 10 이므로

30분 동안 타들어 간 양초의 길이

= 16 ×

= 48 (mm)

=   cm 8 mm

처음 양초의 길이

= 12 cm 9 mm + 4 cm 8 mm

= 17 cm   mm

06 태희는 9시 17분 50초에 줄넘기를 시작하여 초바늘이 시계를 20바퀴 돌았을 때 줄넘기를 끝냈다. 태희가 줄넘기를 끝낸 시각은 몇 시 몇 분 몇 초인지 구하시오.

답 ( )시 ( )분 ( )초

[보기] 37   1   20

초바늘이 시계를 한 바퀴 도는 데 걸리는 시간
= 1 분

초바늘이 시계를 20바퀴 도는 동안 지난 시간
= 20 분

태희가 줄넘기를 끝낸 시각
= 9시 17분 50초 + 20분
= 9시 37분 50초

STEP 3

07 어느 날의 낮의 길이는 10시간 52분 15초였다. 이 날의 밤의 길이는 낮의 길이보다 몇 시간 몇 분 몇 초 더 길었는지 구하시오.

답 (   )시간 (   )분 (   )초

[보기] 45   15   7

하루는 24시간이므로

밤의 길이는

= 24시간 − 10시간 52분 15초

= 13시간 [ ] 분 [ ] 초이다.

밤의 길이는 낮의 길이보다

13시간 7분 45초 − 10시간 52분 15초

= 2시간 [ ] 분 30초 더 길었다.

08 어느 빌딩의 엘리베이터는 1층부터 4층까지 올라가는 데 15초가 걸린다고 한다. 이 엘리베이터를 타고 1층부터 30층까지 멈추지 않고 올라가는 데 걸리는 시간은 몇 분 몇 초인지 구하시오.

답 (　　　)분 (　　　)초

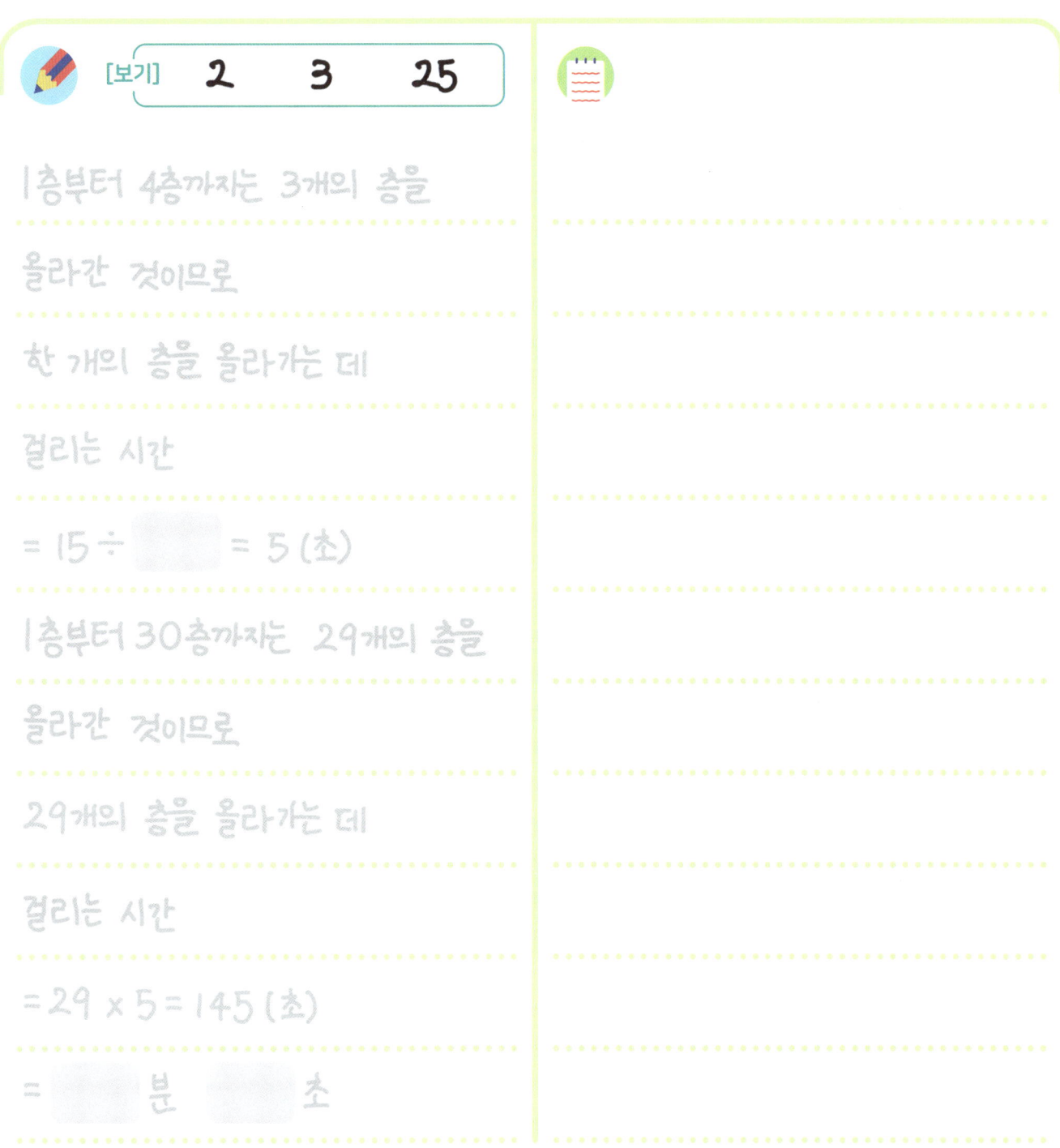

[보기]　2　3　25

1층부터 4층까지는 3개의 층을 올라간 것이므로

한 개의 층을 올라가는 데 걸리는 시간

= 15 ÷ ☐ = 5 (초)

1층부터 30층까지는 29개의 층을 올라간 것이므로

29개의 층을 올라가는 데 걸리는 시간

= 29 × 5 = 145 (초)

= ☐ 분 ☐ 초

6 분수와 소수

STEP 1 기본

01 태우네 마을에 눈이 어제는 28mm 내렸고, 오늘은 19mm 내렸다. 어제와 오늘 내린 눈의 양은 모두 몇 cm인지 소수로 나타내시오.

답 ( )cm

[보기] 4.7   19

어제와 오늘 내린 눈의 양
= 28 + ☐
= 47 (mm)
= ☐ cm

02 다음 조건에 알맞은 분수는 모두 몇 개인지 구하시오.

- 단위분수이다.
- $\frac{1}{8}$보다 큰 분수이다.
- $\frac{1}{5}$보다 작은 분수이다.

답 ( )개

[보기] 6 7 2

$\frac{1}{8}$보다 큰 단위분수 :
$\frac{1}{2}, \frac{1}{3}, \frac{1}{4}, \cdots, \frac{1}{7}$

이 중에서 $\frac{1}{5}$보다 작은 분수:
$\frac{1}{6}, \frac{1}{7}$ → ☐ 개

STEP 1 기본

03 다음 조건에 알맞은 소수는 모두 몇 개인지 구하시오.

- 0.1이 35개인 수보다 큰 □.△ 형태의 소수이다.
- 3과 0.9만큼인 수보다 작다.

답 (   )개

[보기] 3   5   7

0.1이 35개인 수: 3.▢

3과 0.9만큼인 수: 3.9

3.5보다 크고 3.9보다 작은

□.△ 형태의 소수:

3.6, 3.▢, 3.8 → ▢개

04

수 카드 7, 9, 4 중에서 2장을 뽑아 한 번씩만 사용하여 9.7보다 작은 □.△ 형태의 소수를 만들려고 한다. 만들 수 있는 소수는 모두 몇 개인지 구하시오.

답 (   )개

[보기]   5   7   9

1) □가 9인 경우:

   9.4 → 1개

2) □가 7인 경우:

   7.4, 7.9 → 2개

3) □가 4인 경우:

   4.7, 4.9 → 2개

1+2+2 =   (개)

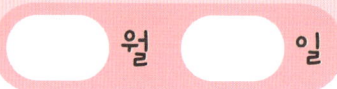

05 다음 삼각형의 가장 짧은 변의 길이는 몇 cm인지 소수로 나타내시오.

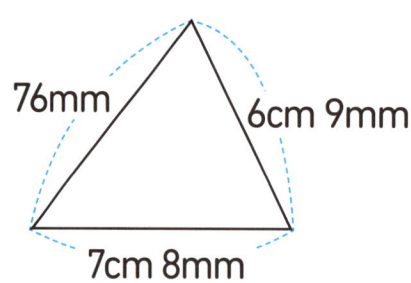

답 (   )cm

[보기]   6.9   69   78

6cm 9mm = ☐ mm,

7cm 8mm = ☐ mm

69 < 76 < 78

가장 짧은 변의 길이:

69mm = ☐ cm

06

1부터 9까지의 수 중에서 □ 안에 공통으로 들어갈 수 있는 수는 모두 몇 개인지 구하시오.

$$\cdot \frac{4}{15} < \frac{\square}{15} \qquad \cdot \frac{1}{\square} < \frac{1}{7}$$

답 (　　　)개

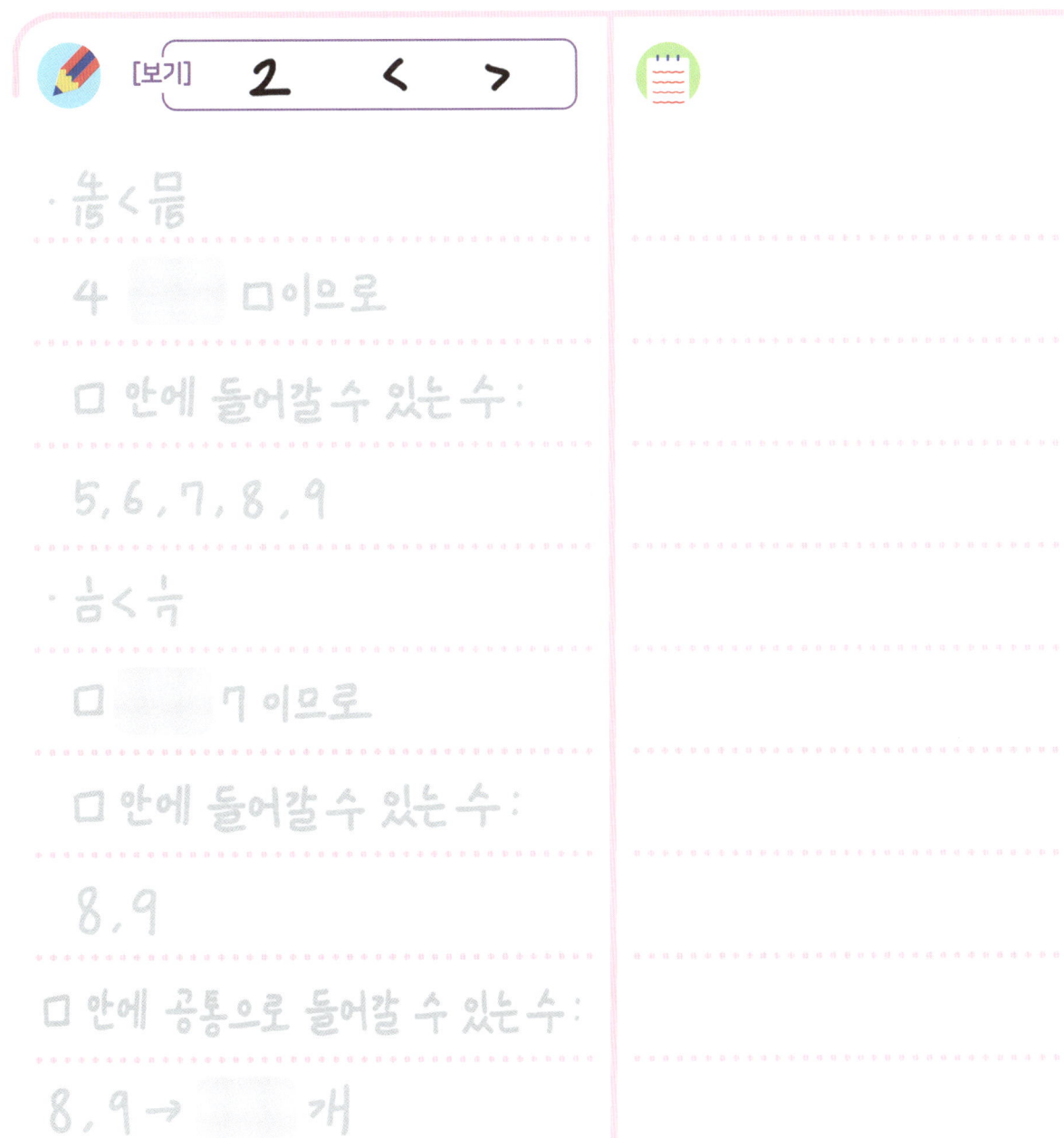

[보기]　2　<　>

· $\frac{4}{15} < \frac{□}{15}$

4 < □ 이으로

□ 안에 들어갈 수 있는 수:
5, 6, 7, 8, 9

· $\frac{1}{□} < \frac{1}{7}$

□ > 7 이으로

□ 안에 들어갈 수 있는 수:
8, 9

□ 안에 공통으로 들어갈 수 있는 수:
8, 9 → 　개

STEP 1 응용

07 종수가 바닥 전체의 $\frac{1}{7}$만큼을 페인트로 칠하는 데 26분이 걸린다. 종수가 같은 빠르기로 이 바닥 전체의 $\frac{4}{7}$만큼을 페인트로 칠하려면 몇 시간 몇 분이 걸리는지 구하시오.

답 ( )시간 ( )분

[보기] 7 44 4

$\frac{4}{7}$는 $\frac{1}{7}$이 ☐개이므로

바닥 전체의 $\frac{4}{7}$만큼을 칠하는 데 걸리는 시간

$= 26 \times 4$

$= 104$ (분)

$= 1$시간 ☐ 분

08 가장 작은 분수를 찾으시오.

$$\frac{1}{7} \quad \frac{1}{8} \quad \frac{3}{7} \quad \frac{1}{10} \quad \frac{6}{7}$$

답 (   )

[보기] 8   10   3

분모가 같은 분수끼리 비교하면

$\frac{1}{7} < \frac{3}{7} < \frac{6}{7}$ 이고,

단위분수끼리 비교하면

$\frac{1}{10} < \frac{1}{8} < \frac{1}{7}$ 이다.

$\frac{1}{10} < \frac{1}{8} < \frac{1}{7} < \frac{3}{7} < \frac{6}{7}$

가장 작은 분수 : $\frac{1}{10}$

09 수 카드 3, 5, 2, 9 중에서 2장을 뽑아 한 번씩만 사용하여 □.△ 형태의 소수를 만들려고 한다. 만들 수 있는 소수 중에서 세 번째로 작은 수를 구하시오.

답 (   )

 [보기] 2.3   2.9

2 < 3 < 5 < 9

만들 수 있는 소수 중에서

가장 작은 수 :

두 번째로 작은 수 : 2.5

세 번째로 작은 수 :

10 인수는 종이를 똑같이 나누어 전체의 $\frac{6}{7}$만큼 사용했다. 남은 종이의 길이가 5m라면 전체 종이의 길이는 몇 m인지 구하시오.

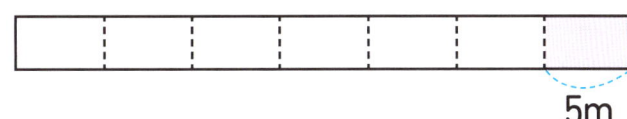

답 (　　　)m

[보기]　7　　35　　6

남은 종이는 전체를 똑같이
7로 나눈 것 중의 7-　=1이므로
전체의 $\frac{1}{7}$이다.
전체 종이는 $\frac{1}{7}$이 　개이므로
전체 종이의 길이
= 5 × 7
= 　(m)

STEP 1 심화

11 세희는 빵을 만들기 위해 가지고 있던 밀가루의 $\frac{4}{16}$를 사용했다. 남은 밀가루는 사용한 밀가루의 몇 배인지 구하시오.

답 (   )배

[보기] 3   4   12

남은 밀가루는 전체를 똑같이
16으로 나눈 것 중의
16 - ☐ = 12 이므로
전체의 $\frac{12}{16}$이다.
$\frac{4}{16}$는 $\frac{1}{16}$이 4개,
$\frac{12}{16}$는 $\frac{1}{16}$이 ☐ 개이므로
남은 밀가루는 사용한 밀가루의
12 ÷ 4 = ☐ (배)이다.

12 멜론 한 통을 똑같이 10조각으로 나누어 시유는 전체의 0.3만큼, 인아는 전체의 $\frac{4}{10}$ 만큼 먹었다. 시유와 인아가 먹고 남은 멜론은 전체의 얼마인지 소수로 나타내시오.

답 (   )

[보기]   0.3   4   10

시유가 먹은 멜론은 전체의
$0.3 = \frac{3}{10}$ 이다.

남은 멜론은 전체를 똑같이

◻ 으로 나눈 것 중의

$10 - 3 - $ ◻ $ = 3$ 이므로

전체의 $\frac{3}{10} = $ ◻ 이다.

STEP 1 심화

13 규칙을 찾아 19번째 놓이는 분수를 구하시오.

$$\frac{1}{6} \quad \frac{2}{7} \quad \frac{3}{8} \quad \frac{4}{9} \quad \frac{5}{10} \quad \cdots$$

답 (   )

[보기] **24**   **5**   **1**

분자는 1부터 ☐씩 커지므로

□번째 분수의 분자는 □이고,

분모는 분자보다 ☐만큼 더 크므로

□번째 분수의 분모는 (□+5)이다.

19번째 놓이는 분수

$= \dfrac{19}{19+5}$

$= \dfrac{19}{}$

14 승희는 버스를 타고 마을을 한 바퀴 돌려고 한다. 일정한 빠르기로 마을의 $\frac{4}{13}$ 만큼 도는 데 12분이 걸렸다. 같은 빠르기로 남은 거리를 도는 데에는 몇 분이 걸리는지 구하시오.

답 (　　　)분

[보기]　**27　4　9**

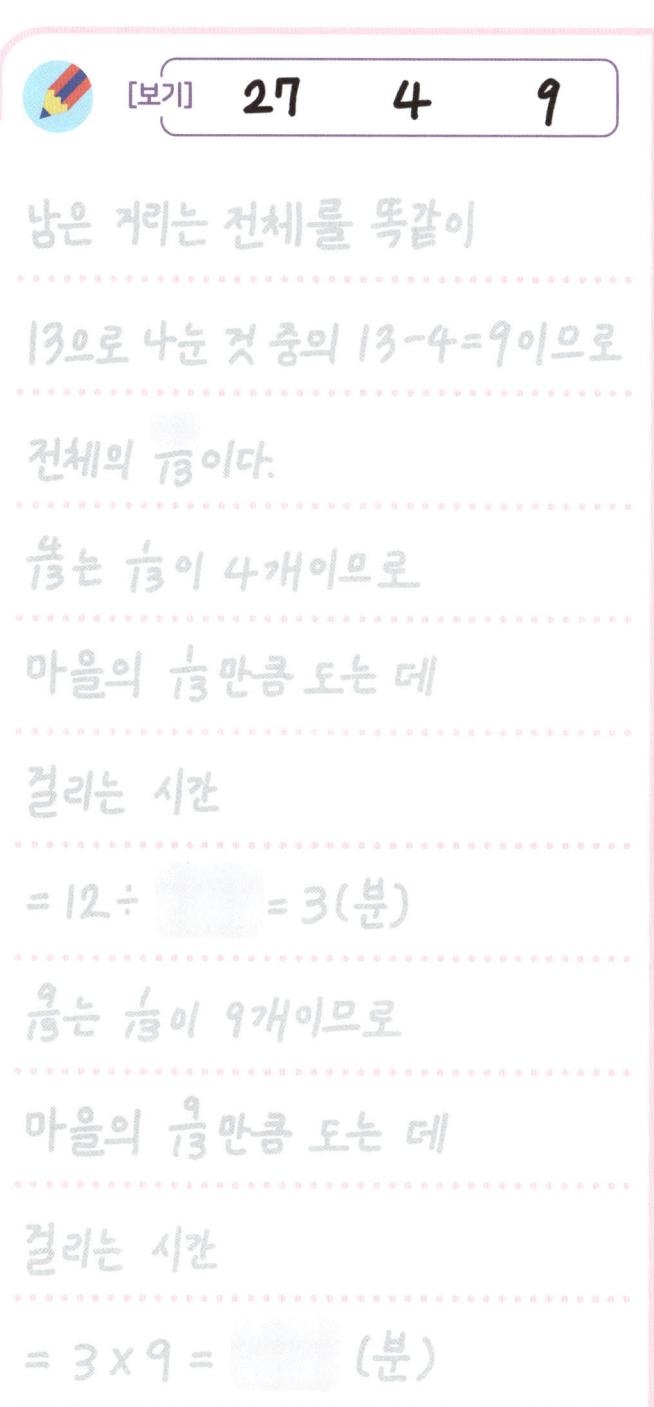

남은 거리는 전체를 똑같이

13으로 나눈 것 중의 13-4=9이므로

전체의 $\frac{9}{13}$ 이다.

$\frac{4}{13}$는 $\frac{1}{13}$이 4개이므로

마을의 $\frac{1}{13}$만큼 도는 데

걸리는 시간

= 12 ÷ ＿ = 3(분)

$\frac{9}{13}$는 $\frac{1}{13}$이 9개이므로

마을의 $\frac{9}{13}$만큼 도는 데

걸리는 시간

= 3 × 9 = ＿ (분)

01 다음 정사각형의 네 변의 길이의 합은 몇 cm인지 소수로 나타내시오.

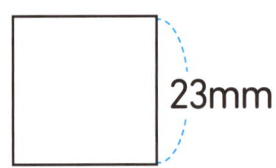

답 (   )cm

[보기] 9.2   4

정사각형의 네 변의 길이의 합
= 23 × ▢
= 92 (mm)
= ▢ cm

02 다음 조건에 알맞은 분수는 모두 몇 개인지 구하시오.

- 분모는 1보다 크다.
- 분자는 1이다.
- $\frac{1}{6}$보다 큰 분수이다.

답 (   )개

[보기]   4   2   5

분자가 1이고, 분모가 1보다 큰 분수이므로 단위분수이다.

$\frac{1}{6}$보다 큰 단위분수:
$\frac{1}{2}$, $\frac{1}{3}$, $\frac{1}{4}$, $\frac{1}{5}$ → 4개

03 다음 조건에 알맞은 소수는 모두 몇 개인지 구하시오.

- 0.1이 6개인 수보다 작은 □.△ 형태의 소수이다.
- $\frac{2}{10}$보다 크다.

답 ( )개

[보기] 3   4   6

0.1이 6개인 수 : 0.⬜

$\frac{2}{10}$ = 0.2

0.2 보다 크고 0.6보다 작은

□.△ 형태의 소수 :

0.3 , 0.⬜ , 0.5 → ⬜ 개

04 수 카드 3, 7, 1 중에서 2장을 뽑아 한 번씩만 사용하여 3.1보다 큰 □.△ 형태의 소수를 만들려고 한다. 만들 수 있는 소수는 모두 몇 개인지 구하시오.

답 ( )개

[보기] 1 3 7

1) □가 3인 경우 :

3.   → 1개

2) □가 7인 경우 :

7.   , 7.3 → 2개

1 + 2 =   (개)

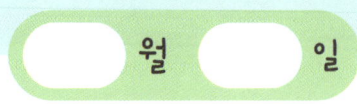

05 다음 사각형의 가장 긴 변의 길이는 몇 cm인지 소수로 나타내시오.

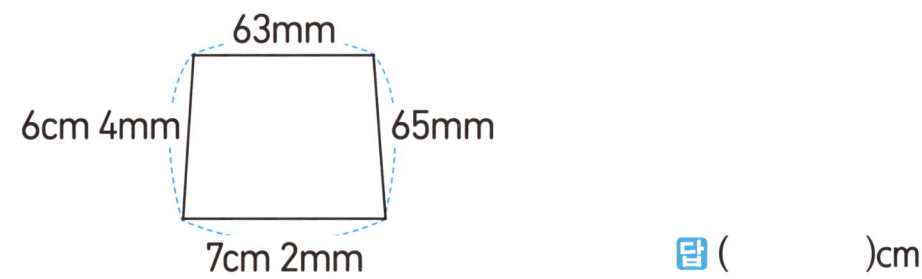

답 (　　　)cm

[보기] 72　7.2　64

6 cm 4 mm = ☐ mm,

7 cm 2 mm = ☐ mm

72 > 65 > 64 > 63

가장 긴 변의 길이 :

72 mm = ☐ cm

06

2부터 9까지의 수 중에서 □ 안에 공통으로 들어갈 수 있는 수는 모두 몇 개인지 구하시오.

$$6.8 > \square.9 \qquad \frac{1}{\square} < \frac{1}{3}$$

답 ( )개

[보기] 2   3   6

• 6.8 > □.9

　⬚ > □ 이므로

　□ 안에 들어갈 수 있는 수:

　2, 3, 4, 5

• $\frac{1}{\square} < \frac{1}{3}$

　□ > ⬚ 이므로

　□ 안에 들어갈 수 있는 수:

　4, 5, 6, 7, 8, 9

□ 안에 공통으로 들어갈 수 있는 수:

4, 5 → ⬚ 개

07 인혜가 도화지 전체의 $\frac{1}{9}$만큼을 색연필로 칠하는 데 15분이 걸린다. 인혜가 같은 빠르기로 이 도화지 전체의 $\frac{7}{9}$만큼을 색연필로 칠하려면 몇 시간 몇 분이 걸리는지 구하시오.

답 (　　) 시간 (　　) 분

[보기]　9　7　45

$\frac{7}{9}$은 $\frac{1}{9}$이 ☐개이므로

도화지 전체의 $\frac{7}{9}$만큼을 칠하는 데

걸리는 시간

= 15 × 7

= 105 (분)

= 1시간 ☐ 분

08 가장 큰 분수를 찾으시오.

$$\frac{4}{9} \quad \frac{1}{11} \quad \frac{7}{9} \quad \frac{1}{10} \quad \frac{1}{9}$$

답 (   )

[보기] 7   10   4

분모가 같은 분수끼리 비교하면

$\frac{7}{9} > \frac{4}{9} > \frac{1}{9}$ 이고,

단위분수끼리 비교하면

$\frac{1}{9} > \frac{1}{10} > \frac{1}{11}$ 이다.

$\frac{7}{9} > \frac{4}{9} > \frac{1}{9} > \frac{1}{10} > \frac{1}{11}$

가장 큰 분수 : $\frac{7}{9}$

09
수 카드 4, 1, 7, 3 중에서 2장을 뽑아 한 번씩만 사용하여 □.△ 형태의 소수를 만들려고 한다. 만들 수 있는 소수 중에서 네 번째로 큰 수를 구하시오.

답 (   )

[보기]   4.7   7.3

7 > 4 > 3 > 1

만들 수 있는 소수 중에서

가장 큰 수 : 7.4

두 번째로 큰 수 :

세 번째로 큰 수 : 7.1

네 번째로 큰 수 :

10 준기는 종이를 똑같이 나누어 전체의 $\frac{4}{5}$ 만큼 사용했다. 남은 종이의 길이가 7m라면 전체 종이의 길이는 몇 m인지 구하시오.

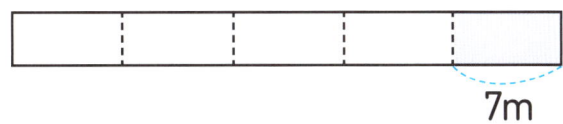

답 (　　　)m

[보기]　5　　35　　4

남은 종이는 전체를 똑같이
5로 나눈 것 중의 5-□=1
이므로 전체의 $\frac{1}{5}$ 이다.
전체 종이는 $\frac{1}{5}$ 이 □개이므로
전체 종이의 길이
= 7 × 5
= □ (m)

STEP 2 심화

11 준하는 쿠키를 만들기 위해 가지고 있던 설탕의 $\frac{3}{15}$을 사용했다. 남은 설탕은 사용한 설탕의 몇 배인지 구하시오.

답 (   )배

[보기]   12   4   3

남은 설탕은 전체를 똑같이 15로 나눈 것 중의 15-☐=12 이므로 전체의 $\frac{12}{15}$이다.

$\frac{3}{15}$은 $\frac{1}{15}$이 3개, $\frac{12}{15}$는 $\frac{1}{15}$이 ☐개이므로

남은 설탕은 사용한 설탕의 12÷3=☐ (배)이다.

12 케이크 한 개를 똑같이 10조각으로 나누어 단희는 전체의 $\frac{3}{10}$만큼, 선하는 전체의 0.2만큼 먹었다. 단희와 선하가 먹고 남은 케이크는 전체의 얼마인지 소수로 나타내시오.

답 (   )

 [보기] 0.5   2   10

선하가 먹은 케이크는 전체의

$0.2 = \frac{2}{10}$ 이다.

남은 케이크는 전체를 똑같이

        으로 나눈 것 중의

$10 - 3 -$ ▢ $= 5$ 이므로

전체의 $\frac{5}{10} =$ ▢ 이다.

STEP 2 심화

13 규칙을 찾아 18번째 놓이는 분수를 구하시오.

$$\frac{2}{6} \quad \frac{3}{7} \quad \frac{4}{8} \quad \frac{5}{9} \quad \frac{6}{10} \quad \cdots$$

답 (   )

[보기] 19   1   4

분자는 2부터 씩 커지므로

□번째 분수의 분자는 (□+1)이고,

분모는 분자보다   만큼 더 크므로

□번째 분수의 분모는 (□+5)이다.

18번째 놓이는 분수

$= \dfrac{18+1}{18+5}$

$= \dfrac{}{23}$

14 서주는 버스를 타고 동물원을 한 바퀴 돌려고 한다. 일정한 빠르기로 동물원의 $\frac{3}{11}$ 만큼 도는 데 15분이 걸렸다. 같은 빠르기로 남은 거리를 도는 데에는 몇 분이 걸리는지 구하시오.

답 (　　　)분

[보기]　40　8　3

남은 거리는 전체를 똑같이 11로 나눈 것 중의 11-3=8 이므로 전체의 이다.

$\frac{3}{11}$은 $\frac{1}{11}$이 3개이므로 동물원의 $\frac{1}{11}$만큼 도는 데 걸리는 시간
= 15 ÷ = 5(분)

$\frac{8}{11}$은 $\frac{1}{11}$이 8개이므로 동물원의 $\frac{8}{11}$만큼 도는 데 걸리는 시간
= 5 × 8 = 　　(분)

STEP 3

01 수 카드 5, 1, 7, 2 중에서 2장을 뽑아 한 번씩만 사용하여 단위분수를 만들려고 한다. 만들 수 있는 가장 작은 단위분수는 무엇인지 구하시오.

답 (   )

[보기]   7   5

만들 수 있는 단위분수:

$\frac{1}{5}, \frac{1}{7}, \frac{1}{\square}$

$\frac{1}{7} < \frac{1}{\square} < \frac{1}{5}$

만들 수 있는 가장 작은 단위분수:

$\frac{1}{\square}$

02 1부터 9까지의 수 중에서 □ 안에 들어갈 수 있는 수는 모두 몇 개인지 구하시오.

$$\frac{3}{10} < 0.\square < 0.1이 8개인 수$$

답 (   )개

[보기] 4   5   8

$\frac{3}{10} = 0.3$

0.1이 8개인 수 : 0.

0.3 < 0.□ < 0.8

3 < □ < 8이므로

□ 안에 들어갈 수 있는 수 :

4,   , 6, 7 →   개

STEP 3

03 보배는 길이가 25cm인 끈을 32mm씩 6번 잘라 사용했다. 남은 끈의 길이는 몇 cm인지 소수로 나타내시오.

답 (　　　)cm

[보기]　5.8　　192　　250

25cm = 　　 mm

사용한 끈의 길이

= 32 × 6

= 192 (mm)

남은 끈의 길이

= 250 − 　　

= 58 (mm)

= 　　 cm

04 초콜릿 한 개를 똑같이 13조각으로 나누었다. 그중 윤아와 진수가 각각 3조각씩 먹었다. 윤아와 진수가 먹고 남은 초콜릿은 전체의 얼마인지 분수로 나타내시오.

답 ( )

[보기] 3　7　13

남은 초콜릿은 전체를 똑같이

□으로 나눈 것 중의

13-3-□=7이므로

전체의 $\frac{\square}{13}$이다.

STEP 3

05 다음 조건에 알맞은 소수는 모두 몇 개인지 구하시오.

- □.△ 형태의 소수이다.
- 1과 0.2만큼인 수보다 크다.
- 0.1이 18개인 수보다 작다.

답 (　　)개

[보기]　5　　1.2　　1.8

1과 0.2만큼인 수 : 　　

0.1이 18개인 수 : 　　

1.2보다 크고 1.8보다 작은

□.△ 형태의 소수 :

1.3, 1.4, 1.5, 1.6, 1.7 → 　　개

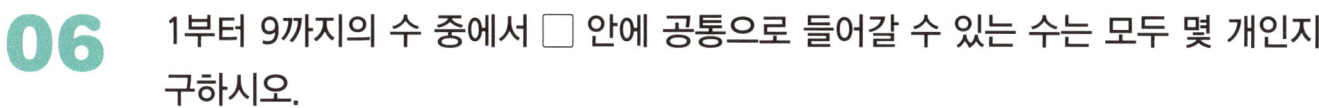

06
1부터 9까지의 수 중에서 □ 안에 공통으로 들어갈 수 있는 수는 모두 몇 개인지 구하시오.

$$\cdot \frac{1}{5} > \frac{1}{\square} > \frac{1}{9} \qquad \cdot 4.7 < \square.7 < 8.7$$

답 (　　　)개

[보기]　2　4　9

· $\frac{1}{5} > \frac{1}{\square} > \frac{1}{9}$

5 < □ < ☐ 이므로

□ 안에 들어갈 수 있는 수:

6, 7, 8

· 4.7 < □.7 < 8.7

☐ < □ < 8 이므로

□ 안에 들어갈 수 있는 수:

5, 6, 7

□ 안에 공통으로 들어갈 수 있는 수:

6, 7 → ☐ 개

237

STEP 3

07 서아가 멜론 한 통의 $\frac{1}{7}$만큼을 먹는 데 12분이 걸린다. 서아가 같은 빠르기로 이 멜론 한 통의 $\frac{6}{7}$만큼을 먹으려면 몇 시간 몇 분이 걸리는지 구하시오.

답 ( )시간 ( )분

[보기] 12   6   7

$\frac{6}{7}$은 $\frac{1}{7}$이 ☐ 개이므로

멜론 한 통의 $\frac{6}{7}$만큼을 먹는 데

걸리는 시간

= 12 × 6

= 72 (분)

= 1시간 ☐ 분

08 제아는 수박 한 통을 똑같이 10조각으로 나누어 4조각은 아침에 먹고, 아침에 먹고 남은 수박의 $\frac{5}{6}$만큼은 저녁에 먹었다. 아침과 저녁에 먹고 남은 수박은 전체의 얼마인지 분수로 나타내시오.

답 (   )

[보기]   5   6   10

아침에 먹고 남은 수박은
10 - 4 = 6(조각)이고,
아침에 먹고 남은 수박의 $\frac{5}{6}$만큼은
남은 수박 6조각을 똑같이
⬚으로 나눈 것 중의 5이므로
저녁에 먹은 수박은 ⬚조각이다.
남은 수박은 전체를 똑같이
10으로 나눈 것 중의 10 - 4 - 5 = 1
이므로 전체의 $\frac{1}{⬚}$이다.

재미있게 배우고, 똑똑하게 자라는
다락원의 초등 학습 시리즈

〈하마랑 과학독해〉 시리즈

"독해력 향상을 위한 제대로 읽는 공부법"

과학 교과와 연관된 다양한 과학적 주제를 읽으면서 글을 정확하게 이해하고, 핵심 정보를 요약하는 능력을 길러 봐요. 글을 입체적으로 분석하고 자신의 생각을 명확하게 정리하여 표현할 수 있어요.

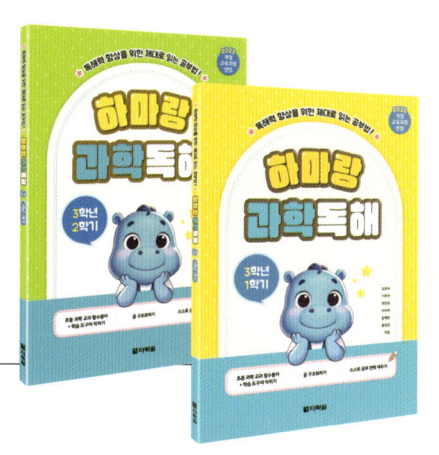

3학년 1학기: 210 x 297 | 144쪽 | 14,900원   3학년 2학기: 210 x 297 | 112쪽 | 14,900원

〈원큐패스 초등 한국사능력검정시험 3-6급 대비〉

"웹툰처럼 재미있게 영상으로 배우는 리얼 한국사"

시험 빈출 키워드 마인드맵으로 자주 나오는 것만 빠르게 공부할 수 있도록 하였고 출제 키워드 연표로 역사의 흐름을 한번에 파악할 수 있어요.

210 x 297 | 314쪽 | 19,500원(무료 동영상)

〈뚝딱 그림으로!! 쿵쿵따 챈트로!! 자동암기 신비한자〉 시리즈

"공부와 놀이의 경계가 사라진 신나는 한자공부"

생생한 스토리텔링을 통해 미리 학습할 한자를 알아보고 한자가 만들어지는 과정을 그림으로 익힐 수 있어요. 교재 내 QR코드를 찍어 신나는 리듬에 맞춰 한자를 학습할 수 있어요.

6급: 210 x 275 | 220쪽 | 15,800원   7급: 210 x 275 | 170쪽 | 14,500원

정확히 식을 쓰면서 문제를 푸는 습관

수학 문제를 풀 때 단계별로 식을 정확히 쓰면서 푸는 연습은 반드시 필요해요.
이 책은 문제의 **풀이 과정을 직접 따라 쓰면서 스스로 식을 쓰는 방법**을 익힐 수 있도록 했어요.
서울대 선배들이 손글씨로 쓴 풀이 과정을 직접 따라 쓰면서 식을 세워 문제를 풀어 나가는 습관을 기르면
어떤 문제든 스스로 풀이 과정을 만들어 해결할 수 있다는 자신감이 생길 거예요!

(주)다락원 경기도 파주시 문발로 211
📞 (02)736-2031 (내용문의: 내선 291~296 / 구입문의: 내선 250~252)
📠 (02)732-2037
🖱 www.darakwon.co.kr
출판등록 1977년 9월 16일 제406-2008-000007호
출판사의 허락 없이 이 책의 일부 또는 전부를 무단 복제·전재·췌제할 수 없습니다.

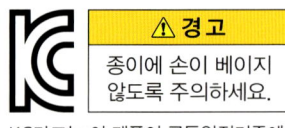

정가 19,500원

서울대 선배들의 똑똑필사

똑바로 따라 쓰며 똑똑히 푸는

2022 개정 교육과정 반영

초등 수학 문제 풀이 식(式) 쓰기

이윤원 저

정답 및 풀이

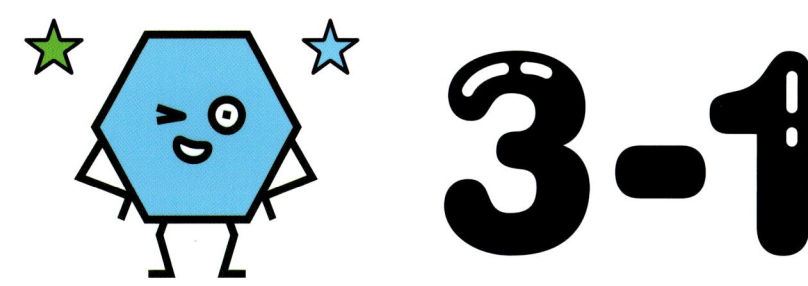

3-1

똑바로 따라 쓰며 똑똑히 푸는
서울대 선배들의 똑똑필사

2022 개정 교육과정 반영

초등 수학
문제 풀이 식(式) 쓰기

이윤원 저

정답 및 풀이

3-1

다락원

빠르게 확인하는 정답

1 덧셈과 뺄셈

STEP 1 14~27 쪽

01	998명	02	399송이	03	821	04	540
05	621	06	868	07	264	08	641
09	644	10	454	11	90cm	12	246
13	4	14	300				

STEP 2 28~41 쪽

01	794개	02	1082cm	03	889	04	769cm
05	708	06	837	07	1076	08	803
09	854	10	451	11	50cm	12	160
13	6	14	400				

STEP 3 42~49 쪽

01	965명	02	525	03	427	04	411
05	349m	06	727cm	07	157	08	453

2 평면도형

STEP 1 52~65 쪽

01	11개	02	6개	03	8	04	9개
05	88cm	06	9cm	07	42cm	08	7cm
09	20개	10	26cm	11	96cm	12	18cm
13	10cm	14	6cm				

STEP 2 66~79 쪽

01	9개	02	8개	03	24cm	04	48cm
05	64cm	06	3개	07	54cm	08	6cm
09	8개	10	50cm	11	92cm	12	4개
13	2cm	14	10cm				

STEP 3 80~87 쪽

01	48cm	02	7개	03	10cm	04	6cm
05	4개	06	62cm	07	22cm	08	8

빠르게 확인하는 정답

3 나눗셈

STEP 1 90~103 쪽

01	5개	02	8cm	03	3	04	6
05	6cm	06	6m	07	35	08	12
09	6	10	21m	11	9일	12	5마리
13	30개	14	54분				

STEP 2 104~117 쪽

01	9개	02	2개	03	54	04	8
05	48cm	06	9그루	07	48	08	35
09	4	10	16m	11	6일	12	7마리
13	30개	14	53분				

STEP 3 118~125 쪽

01	9개	02	3개	03	8	04	8
05	56cm	06	51	07	18	08	18그루

4 곱셈

STEP 1 128~141 쪽

01	216개	02	9개	03	3개	04	128
05	136개	06	144m	07	232	08	243
09	382cm	10	384	11	20개	12	52점
13	343명	14	117분				

STEP 2 142~155 쪽

01	41개	02	87쪽	03	648개	04	8개
05	269개	06	248m	07	387	08	192
09	379cm	10	343	11	30개	12	85점
13	244명	14	139분				

STEP 3 156~163 쪽

01	120개	02	70	03	159cm	04	392
05	96cm	06	315번	07	230cm	08	6

5 길이와 시간

STEP 1 166~179 쪽

01 10시 6분 10초	02 32km 300m	03 3km 500m	04 3시 39분 54초
05 18cm 2mm	06 오전 10시 42분 48초	07 19cm 4mm	08 800m
09 37km 200m	10 4시 37분 11초	11 5cm 5mm	12 1시간 42분 34초
13 오후 1시 48분 45초	14 5분 15초		

STEP 2 180~193 쪽

01 8시 47분 48초	02 26cm	03 4km 50m	04 1시 49분 32초
05 16cm 3mm	06 오후 2시 57분 55초	07 17cm 7mm	08 900m
09 40km 200m	10 7시 18분 29초	11 9cm 5mm	12 54분 18초
13 오전 7시 53분 56초	14 7분 20초		

STEP 3 194~201 쪽

| 01 3시간 5분 | 02 1시간 38분 20초 | 03 11시 2분 6초 | 04 13cm 6mm |
| 05 17cm 7mm | 06 9시 37분 50초 | 07 2시간 15분 30초 | 08 2분 25초 |

6 분수와 소수

STEP 1 204~217 쪽

01 4.7cm	02 2개	03 3개	04 5개
05 6.9cm	06 2개	07 1시간 44분	08 $\frac{1}{10}$
09 2.9	10 35m	11 3배	12 0.3
13 $\frac{19}{24}$	14 27분		

STEP 2 218~231 쪽

01 9.2cm	02 4개	03 3개	04 3개
05 7.2cm	06 2개	07 1시간 45분	08 $\frac{7}{9}$
09 4.7	10 35m	11 4배	12 0.5
13 $\frac{19}{23}$	14 40분		

STEP 3 232~239 쪽

| 01 $\frac{1}{7}$ | 02 4개 | 03 5.8cm | 04 $\frac{7}{13}$ |
| 05 5개 | 06 2개 | 07 1시간 12분 | 08 $\frac{1}{10}$ |

1단원 덧셈과 뺄셈

STEP 1   14~27 쪽

01 (998)명

어제와 오늘 입장한 사람 수
= 425 + 573
= 998 (명)

02 (399)송이

운동장과 강당에 심은 꽃의 수
= 124 + 163
= 287 (송이)
처음에 준비했던 꽃의 수
= 287 + 112
= 399 (송이)

03 (821)

509 > 427 > 312
가장 큰 수 : 509
가장 작은 수 : 312
509 + 312 = 821

04 (540)

925 − 216 − 169
= 709 − 169
= 540

05 (621)

968 − 124 = 223 + □
844 = 223 + □
□ = 844 − 223
= 621

06 (868)

7 > 3 > 1
만들 수 있는 세 자리 수 중에서
가장 큰 수 : 731
가장 작은 수 : 137
731 + 137 = 868

07 (264) 난이도 중

어떤 수를 □라 하면
□ - 374 = 237
□ = 237 + 374
    = 611
바르게 계산하면
611 - 347 = 264

08 (641) 난이도 상

어떤 세 자리 수의
백의 자리 수와 십의 자리 수를
바꾼 수를 □라 하면
□ + 197 = 658
□ = 658 - 197
    = 461
461의 백의 자리 수와
십의 자리 수를 바꾸면
처음 세 자리수 : 641

09 (644) 난이도 상

7 > 5 > 2 > 1 > 0
만들 수 있는 세 자리 수 중에서
가장 큰 수 : 752
두 번째로 큰 수 : 751
가장 작은 수 : 102
두 번째로 작은 수 : 105
세 번째로 작은 수 : 107
751 - 107 = 644

10 (454) 난이도 상

□ ◎ 318
= 318 + 318 - □
= 636 - □
676 ◎ 429
= 429 + 429 - 676
= 858 - 676
= 182
636 - □ = 182
□ = 636 - 182
    = 454

1단원 덧셈과 뺄셈

11 (90)cm 난이도 상

종이 3장의 길이의 합
= 274 + 274 + 274
= 548 + 274
= 822 (cm)
겹쳐진 부분의 길이의 합
= 822 - 642
= 180 (cm)
겹쳐진 부분의 수 : 2군데
180 = 90 + 90 이므로
겹쳐진 한 부분의 길이 : 90 cm

12 (246) 난이도 상

□ + 276 = 521일 때
□ = 521 - 276
  = 245
□ + 276은 521보다
커야 하므로
□ 안에는 245보다
큰 수가 들어가야 한다.
□ 안에 들어갈수 있는
세 자리 수 중에서 가장 작은 수 :
246

13 (4) 난이도 최상

952 - 376 = 576이므로
576 < 8□1 - 255
576 = 8□1 - 255일 때
8□1 = 576 + 255
    = 831
8□1 - 255는 576보다
커야 하므로
8□1은 831보다 커야 한다.
□ 안에 들어갈 수 있는
가장 작은 수 : 4

14 (300) 난이도 최상

연속한 두 수에서
큰 수를 □라 하면
작은 수는 (□-1)이다.
두 수의 합이 599이므로
□ + (□-1) = 599
□ + □ = 599 + 1
    = 600
600 = 300 + 300이므로
□ = 300
두 수 중에서 큰 수 : 300

STEP 2   28~41 쪽

01 (794)개 난이도 하

올해 수확한 감자의 수
= 409 + 385
= 794 (개)

02 (1082)cm 난이도 하

삼각형 세 변의 길이의 합
= 425 + 144 + 513
= 569 + 513
= 1082 (cm)

03 (889) 난이도 하

734 + 156 = 890 이므로
890 > □
□ 안에 들어갈 수 있는
세 자리 수 중에서 가장 큰 수:
889

04 (769)cm 난이도 중

이어 붙인 종이의 전체 길이
= 316 + 568 − 115
= 884 − 115
= 769 (cm)

05 (708) 난이도 중

□ − 143 = 155 + 440
□ − 143 = 565
□ = 565 + 143
   = 708

06 (837) 난이도 중

9 > 4 > 1 > 0
만들 수 있는 세 자리 수 중에서
가장 큰 수 : 941
가장 작은 수 : 104
941 − 104 = 837

1단원 덧셈과 뺄셈

07 (1076) 난이도 중

어떤 수를 □라 하면

617 - □ = 158

□ = 617 - 158

= 459

바르게 계산하면

617 + 459 = 1076

08 (803) 난이도 상

어떤 세 자리 수의

십의 자리 수와 일의 자리 수를

바꾼 수를 □라 하면

□ - 672 = 158

□ = 158 + 672

= 830

830의 십의 자리 수와

일의 자리 수를 바꾸면

처음 세 자리 수 : 803

09 (854) 난이도 상

9 > 6 > 3 > 1 > 0

만들 수 있는 세 자리 수 중에서

가장 큰 수 : 963

두 번째로 큰 수 : 961

세 번째로 큰 수 : 960

가장 작은 수 : 103

두 번째로 작은 수 : 106

960 - 106 = 854

10 (451)

314 ⓜ 169
= 314 + 314 − 169
= 628 − 169
= 459

455 ⓜ □
= 455 + 455 − □
= 910 − □
459 = 910 − □
□ = 910 − 459
 = 451

11 (50)cm

종이 3장의 길이의 합
= 208 + 315 + 413
= 523 + 413
= 936 (cm)

겹쳐진 부분의 길이의 합
= 936 − 836
= 100 (cm)

겹쳐진 부분의 수 : 2군데
100 = 50 + 50 이므로
겹쳐진 한 부분의 길이 : 50 cm

1단원 덧셈과 뺄셈

12 (160) 난이도 상

194 + 378 = 572 이므로

733 - □ > 572

733 - □ = 572일 때

□ = 733 - 572 = 161

733 - □는 572보다 커야 하므로

□ 안에는 161보다

작은 수가 들어가야 한다.

□ 안에 들어갈 수 있는

세 자리 수 중에서 가장 큰 수 :

160

13 (6) 난이도 최상

258 + 176 = 434이므로

613 - 1□9 > 434

613 - 1□9 = 434일 때

1□9 = 613 - 434

= 179

613 - 1□9는 434보다

커야 하므로

1□9는 179보다 작아야 한다.

□ 안에 들어갈 수 있는

가장 큰 수 : 6

14 (400) 난이도 최상

연속한 두 수에서
작은 수를 □라 하면
큰 수는 (□+1)이다.
두 수의 합이 801이므로
□+(□+1)=801
□+□=801-1
　　　=800
800=400+400이므로
□=400
두 수 중에서 작은 수 : 400

STEP 3　42~49쪽

01 (965)명 난이도 하

오늘 입장한 사람 수
=556-147
=409 (명)
어제와 오늘 입장한 사람 수
=556+409
=965 (명)

02 (525) 난이도 중

743 > 539 > 496 > 218
가장 큰 수 : 743
가장 작은 수 : 218
743-218=525

1단원 덧셈과 뺄셈

03 (427)

어떤 수를 □라 하면
□ + 489 = 916
□ = 916 - 489
　 = 427

04 (411)

667 ◎ 128
= 667 - 128 - 128
= 539 - 128
= 411

05 (349)m

매봉산의 높이
= 338 + 468
= 806 (m)

용마산의 높이
= 806 - 119
= 687 (m)

인왕산과 용마산의 높이의 차
= 687 - 338
= 349 (m)

06 (727)cm

종이 3장의 길이의 합
= 283 + 283 + 283
= 566 + 283
= 849 (cm)

겹쳐진 부분의 길이의 합
= 61 + 61
= 122 (cm)

이어 붙인 종이의 전체 길이
= 849 - 122
= 727 (cm)

07 (157)

840 - 227 = 613이므로
457 + □ > 613
457 + □ = 613일 때
□ = 613 - 457 = 156
457 + □는 613보다
커야 하므로
□ 안에는 156보다
큰 수가 들어가야 한다.
□ 안에 들어갈 수 있는
세 자리 수 중에서 가장 작은 수:
157

08 (453)

찢어진 종이에 적힌
세 자리 수를 □라 하면
1) □ > 572인 경우
    □ - 572 = 119
    □ = 119 + 572 = 691
2) 572 > □인 경우
    572 - □ = 119
    □ = 572 - 119 = 453
십의 자리 숫자가 5이므로
찢어진 종이에 적힌 세 자리 수:
453

2단원 평면도형

STEP 1 52~65 쪽

01 (11)개 난이도: 하

직각 삼각형 : 3개
직사각형 : 4개
정사각형 : 4개
3 + 4 + 4 = 11 (개)

02 (6)개 난이도: 하

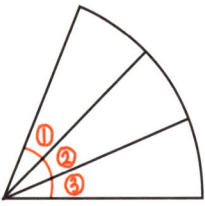

작은 각 1개짜리:
①, ②, ③ → 3개
작은 각 2개짜리:
①+②, ②+③ → 2개
작은 각 3개짜리:
①+②+③ → 1개
3 + 2 + 1 = 6 (개)

03 (8) 난이도: 하

$10 + □ + 10 + □ = 36$
$□ + □ + 20 = 36$
$□ + □ = 36 - 20$
$ = 16$
16 = 8 + 8 이므로
$□ = 8$

04 (9)개 난이도: 중

①	②
③	④

작은 직사각형 1개짜리:
①, ②, ③, ④ → 4개
작은 직사각형 2개짜리:
①+②, ③+④, ①+③, ②+④
→ 4개
작은 직사각형 4개짜리:
①+②+③+④ → 1개
4 + 4 + 1 = 9 (개)

05 (88)cm

만든 직사각형의 긴 변의 길이
= 12+12+12
= 36 (cm)

만든 직사각형의 짧은 변의 길이
= 8 cm

만든 직사각형의 네 변의 길이의 합
= 36 + 8 + 36 + 8
= 88 (cm)

06 (9)cm

(선분 ㄴㅇ) = (선분 ㄱㄴ) = 14 cm

(선분 ㅇㄷ) = 23 - 14
          = 9 (cm)

(선분 ㅂㅅ) = (선분 ㅇㄷ) = 9 cm

(선분 ㅁㅂ) = (선분 ㅂㅅ) = 9 cm

07 (42)cm

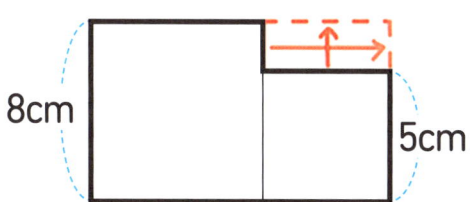

도형을 둘러싼 굵은 선의 길이는
긴 변이 8+5 = 13 (cm)。
짧은 변이 8cm인
직사각형의 네 변의 길이의 합과 같다.

도형을 둘러싼 굵은 선의 길이
= 13 + 8 + 13 + 8
= 42 (cm)

2단원 평면도형

08 (7)cm

정사각형의 네 변의 길이의 합
= 8 + 8 + 8 + 8 = 32 (cm)
직사각형의 네 변의 길이의 합도
32 cm 이므로
9 + □ + 9 + □ = 32
□ + □ + 18 = 32
□ + □ = 32 - 18 = 14
14 = 7 + 7 이므로
□ = 7
직사각형의 짧은 변의 길이 :
7 cm

09 (20)개

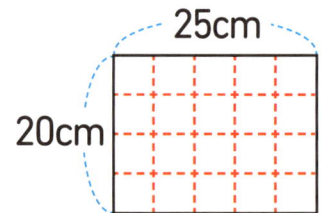

25 = 5 × 5 이므로
직사각형의 긴 변에는
정사각형을 5개까지 만들 수 있다.
20 = 5 × 4 이므로
직사각형의 짧은 변에는
정사각형을 4개까지 만들 수 있다.
만들 수 있는 정사각형의 수
= 5 × 4 = 20 (개)

10 (26)cm

정사각형의 한 변의 길이를
□cm라 하면
□+□+□+□ = 32
32 = 8+8+8+8 이므로
□ = 8
색칠한 직사각형의 긴 변의 길이는
정사각형의 한 변의 길이와
같으므로
색칠한 직사각형의 네 변의
길이의 합 = 8+5+8+5
 = 26 (cm)

11 (96)cm

직사각형 모양의 종이 5장의
긴 변의 길이의 합
= 11+11+11+11+11 = 55 (cm)
겹쳐진 부분의 길이의 합
= 3+3+3+3 = 12 (cm)
만든 직사각형의 긴 변의 길이
= 55-12 = 43 (cm)
만든 직사각형의 네 변의
길이의 합
= 43+5+43+5 = 96 (cm)

2단원 평면도형

12 (18)cm

정사각형을 만든 철사의 길이
= 15 + 15 + 15 + 15 = 60 (cm)

만들 직사각형의 긴 변을
□ cm라 하면

□ + 12 + □ + 12 = 60

□ + □ + 24 = 60

□ + □ = 60 - 24 = 36

36 = 18 + 18 이므로

□ = 18

직사각형의 긴 변의 길이 : 18cm

13 (10)cm

(선분 ㄱㅁ) = (선분 ㄱㄴ) = 12cm

(선분 ㅁㅂ) = (선분 ㅂㅈ) = 6cm

(선분 ㅁㅇ) = (선분 ㅁㅂ) = 6cm

(선분 ㅇㄹ) = 20 - 12 - 6
　　　　　 = 2 (cm)

(선분 ㄹㄱ) = (선분 ㅇㄹ) = 2cm

(선분 ㅋㄷ) = 12 - 2
　　　　　 = 10 (cm)

14 (6)cm   난이도 최상

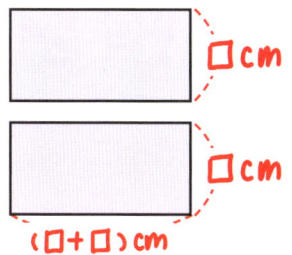

자른 직사각형의
짧은 변을 □cm라 하면
긴 변은 (□+□)cm 이다.
(□+□)+□+(□+□)+□=18
18 = 3+3+3+3+3+3 이므로
□ = 3
처음 정사각형의 한 변의 길이
= 3+3 = 6 (cm)

STEP 2   66~79 쪽

01 (9)개   난이도 하

직각삼각형 : 1개
직사각형 : 4개
정사각형 : 4개
1+4+4 = 9(개)

02 (8)개   난이도 하

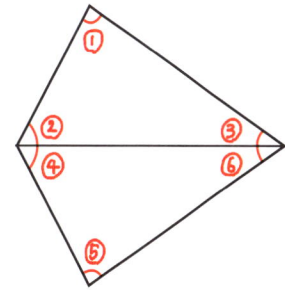

작은 각 1개짜리 :
①,②,③,④,⑤,⑥ → 6개
작은 각 2개짜리 :
②+④, ③+⑥ → 2개
6+2 = 8 (개)

2단원 평면도형

03 (24)cm 난이도

정사각형을 만드는데 사용한 철사의 길이
= 9 + 9 + 9 + 9
= 36 (cm)
남은 철사의 길이
= 60 - 36
= 24 (cm)

04 (48)cm 난이도

정사각형의 한 변의 길이
= 3 + 3 + 3 + 3
= 12 (cm)
정사각형의 네 변의 길이의 합
= 12 + 12 + 12 + 12
= 48 (cm)

05 (64)cm 난이도

만든 직사각형의 긴 변의 길이
= 18 + 7
= 25 (cm)
만든 직사각형의 짧은 변의 길이
= 7 cm
만든 직사각형의 네 변의 길이의 합
= 25 + 7 + 25 + 7
= 64 (cm)

06 (3)개

작은 정사각형 1개짜리:
⑤ → 1개
작은 정사각형 4개짜리:
①+②+④+⑤, ②+③+⑤+⑥
→ 2개
1 + 2 = 3 (개)

07 (54)cm

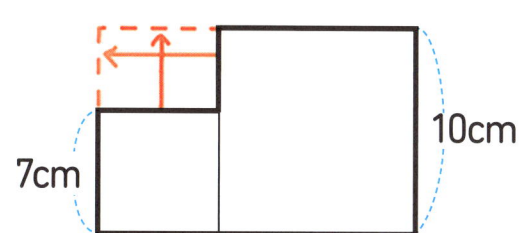

도형을 둘러싼 굵은 선의 길이는
긴 변이 10+7=17(cm),
짧은 변이 10cm인
직사각형의 네 변의 길이의
합과 같다.
도형을 둘러싼 굵은선의 길이
= 17+10+17+10
= 54 (cm)

2단원 평면도형

08 (6)cm

직사각형의 네 변의 길이의 합
= 8 + 4 + 8 + 4
= 24 (cm)
정사각형의 네 변의 길이의 합도
24 cm 이므로
□ + □ + □ + □ = 24
24 = 6 + 6 + 6 + 6 이므로
□ = 6
정사각형의 한 변의 길이 :
6 cm

09 (8)개

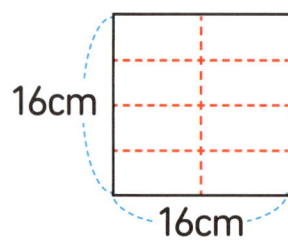

16 = 8 × 2 이므로
정사각형의 한 변에는
직사각형을 2개까지 만들 수 있다.
16 = 4 × 4 이므로
정사각형의 다른 한 변에는
직사각형을 4개까지 만들 수 있다.
만들 수 있는 직사각형의 수
= 2 × 4 = 8 (개)

10 (**50**)cm

100 = 25+25+25+25 이므로 정사각형의 한 변의 길이는 25 cm이다.
처음 직사각형의 긴 변은 25-10 = 15 (cm), 짧은 변은 25-15 = 10 (cm)이다.
처음 직사각형의 네 변의 길이의 합
= 15+10+15+10
= 50 (cm)

11 (**92**)cm

정사각형 모양의 종이 5장의 한 변의 길이의 합
= 9+9+9+9+9 = 45 (cm)
겹쳐진 부분의 길이의 합
= 2+2+2+2 = 8 (cm)
만든 직사각형의 긴 변의 길이
= 45 - 8 = 37 (cm)
만든 직사각형의 네 변의 길이의 합
= 37+9+37+9
= 92 (cm)

2단원 평면도형

12 (**4**)개 난이도 상

직사각형을 만든 철사의 길이
= 23 + 17 + 23 + 17
= 80 (cm)

한 변이 5cm인 정사각형의 네 변의 길이의 합
= 5 + 5 + 5 + 5
= 20 (cm)

80 = 20 + 20 + 20 + 20 이므로 한 변이 5cm인 정사각형을 4개까지 만들 수 있다.

13 (**2**)cm 난이도 최상

(선분 ㄴㅇ) = (선분 ㄱㄴ) = 10 cm
(선분 ㅇㄷ) = 16 - 10 = 6 (cm)
(선분 ㅁㅂ) = (선분 ㅂㅅ) = (선분 ㅇㄷ)
= 6 cm
(선분 ㅂㅇ) = 10 - 6 = 4 (cm)
(선분 ㅂㅊ) = (선분 ㅂㅇ) = 4 cm
(선분 ㅊㅅ) = 6 - 4 = 2 (cm)

14 (**10**)cm

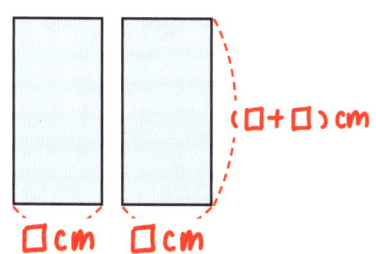

자른 직사각형의
짧은 변을 □cm라 하면
긴 변은 (□+□)cm이다.
□+(□+□)+□+(□+□)=30
30=5+5+5+5+5+5 이므로
□=5
처음 정사각형의 한 변의 길이
=5+5=10 (cm)

STEP 3 80~87쪽

01 (**48**)cm

만든 정사각형의 한 변의 길이
= 4+4+4
= 12 (cm)
만든 정사각형의 네 변의
길이의 합
= 12+12+12+12
= 48 (cm)

02 (**7**)개

35 = 5 × 7 이므로
한 변이 5cm인 정사각형을
7개까지 만들 수 있다.

2단원 평면도형

03 (10)cm

직사각형의 네 변의 길이의 합
= 12 + 8 + 12 + 8
= 40 (cm)

정사각형의 한 변을 □cm라 하면

□ + □ + □ + □ = 40

40 = 10 + 10 + 10 + 10 이므로

□ = 10

정사각형의 한 변의 길이:
10 cm

04 (6)cm

직사각형의 짧은 변을 □cm라 하면

9 + □ + 9 + □ = 30

□ + □ + 18 = 30

□ + □ = 30 - 18
    = 12

12 = 6 + 6 이므로

□ = 6

직사각형의 짧은 변의 길이:
6 cm

05 (**4**)개

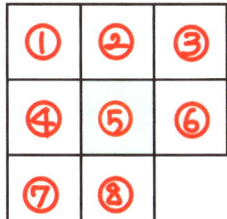

작은 정사각형 1개짜리:
⑤ → 1개
작은 정사각형 4개짜리:
①+②+④+⑤, ②+③+⑤+⑥,
④+⑤+⑦+⑧ → 3개
1 + 3 = 4(개)

06 (**62**)cm

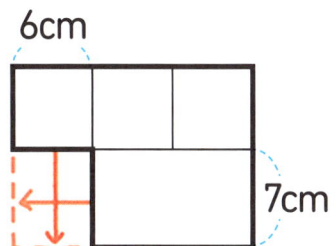

도형을 둘러싼 굵은 선의 길이는
긴 변이 6+6+6=18(cm),
짧은 변이 6+7=13(cm)인
직사각형의 네 변의 길이의
합과 같다.
도형을 둘러싼 굵은 선의 길이
=18+13+18+13
=62 (cm)

2단원 평면도형

07 (**22**)cm

(선분ㄱㅁ)=(선분ㄱㄴ)=11cm
(선분ㅁㄹ)= 18 - 11 = 7 (cm)
(선분ㅂㅇ)=(선분ㅂㅅ)=(선분ㅁㄹ)
= 7 cm
(선분ㅁㅂ)= 11 - 7 = 4 (cm)
직사각형 ㅁㅂㅅㄹ의 네 변의
길이의 합
= 7 + 4 + 7 + 4 = 22 (cm)

08 (**8**)

정사각형을 만든 철사의 길이
= 10 + 10 + 10 + 10 = 40 (cm)
만들 직사각형의
짧은 변이 ☐ cm 이므로
긴 변은 (☐+4) cm 이다.
☐+(☐+4)+☐+(☐+4)=40
☐+☐+☐+☐+8 = 40
☐+☐+☐+☐ = 40 - 8 = 32
32 = 8+8+8+8 이므로
☐ = 8

3단원 나눗셈

STEP 1   90~103쪽

01 (5)개

남은 초콜릿의 수
= 78 - 38
= 40 (개)
필요한 상자의 수
= 40 ÷ 8
= 5 (개)

02 (8)cm

정사각형의 네 변의 길이의 합
= 6 × 4
= 24 (cm)
삼각형의 한 변의 길이
= 24 ÷ 3
= 8 (cm)

03 (3)

40 ÷ 8 = 5 이므로
15 ÷ □ = 5
□ × 5 = 15
□ = 15 ÷ 5
  = 3

04 (6)

어떤 수를 □라 하면
□ ÷ 9 = 2
□ = 9 × 2
  = 18
바르게 계산하면
18 ÷ 3 = 6

3단원 나눗셈

05 (6)cm

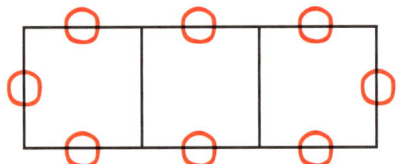

직사각형의 네 변의 길이의 합은
정사각형의 한 변의 길이의
8배이다.
정사각형의 한 변의 길이
= 48 ÷ 8
= 6 (cm)

06 (6)m

나무 사이의 간격 수
= 9 - 1
= 8 (군데)
나무 사이의 간격의 길이
= 48 ÷ 8
= 6 (m)

07 (35)

· 6 × ㉡ = 42
  ㉡ = 42 ÷ 6
     = 7
· ㉠ ÷ 4 = ㉡
  ㉠ ÷ 4 = 7
  ㉠ = 4 × 7
     = 28
  ㉠ + ㉡ = 28 + 7
          = 35

08 (12)

· ㉡ ÷ ㉠ = 4
  ㉡ = ㉠ × 4 이므로

㉠	1	2	3	4	…
㉡	4	8	12	16	…

· ㉠ + ㉡ = 20 인 경우는
  ㉠ = 4, ㉡ = 16
  ㉡ - ㉠ = 16 - 4
          = 12

09 (6) 난이도 상

(2 4 6)이 반복되는 규칙으로 한 묶음 안의 수는 3개이다.
21÷3=7이므로
21번째 수는 7번째 묶음의 마지막 수이다.
21번째 수 : 6

10 (21)m 난이도 상

거북이가 35m를 가는 데 걸린 시간
= 35÷5
= 7(분)
7분 동안 코알라가 간 거리
= 8×7
= 56(m)
코알라가 거북이보다 앞서 있는 거리
= 56-35
= 21(m)

11 (9)일 난이도 상

원숭이 한 마리가 하루에 먹는 바나나 수
= 6÷3 = 2(개)
원숭이 4마리가 하루에 먹는 바나나 수
= 4×2 = 8(개)
원숭이 4마리가 바나나 72개를 먹는 데 걸리는 날수
= 72÷8 = 9(일)

12 (5)마리 난이도 상

소 한 마리의 다리는 4개이므로
소 7마리의 다리 수
= 7×4 = 28(개)
닭의 다리는
38-28 = 10(개)이고,
닭 한 마리의 다리는 2개이므로
닭의 수
= 10÷2 = 5(마리)

3단원 나눗셈

13 (**30**)개

ⓒ 식당에서 빵 72개를 만드는 데 걸린 시간
= 72 ÷ 9
= 8 (분)

㉠ 식당에서 빵을 만든 시간
= 8 - 3
= 5 (분)

㉠ 식당에서 5분 동안 만든 빵의 수
= 6 × 5
= 30 (개)

14 (**54**)분

통나무를 4토막으로 자르려면
4 - 1 = 3 (번) 잘라야 하므로
통나무를 한 번 자르는 데
걸리는 시간 = 18 ÷ 3 = 6 (분)
통나무를 8토막으로 자르려면
8 - 1 = 7 (번) 자르고,
7 - 1 = 6 (번) 쉬어야 한다.
통나무를 7번 자르는 데
걸리는 시간 = 6 × 7 = 42 (분),
쉬는 시간의 합 = 2 × 6 = 12 (분)
42 + 12 = 54 (분)

STEP 2   104~117 쪽

01 (9)개

오전과 오후에 캔 감자의 수
= 28 + 44
= 72 (개)
한 봉지에 담은 감자의 수
= 72 ÷ 8
= 9 (개)

02 (2)개

한 접시에 담은 쿠키의 수
= 56 ÷ 7
= 8 (개)
친구 한 명이 받게 되는 쿠키의 수
= 8 ÷ 4
= 2 (개)

03 (54)

45 ÷ 5 = 9 이므로
□ ÷ 6 = 9
□ = 6 × 9
= 54

04 (8)

어떤 수를 □라 하면
32 ÷ □ = 4
□ × 4 = 32
□ = 32 ÷ 4
= 8
어떤 수 : 8

3단원 나눗셈

05 (**48**)cm 난이도 중

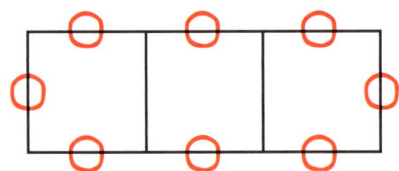

정사각형의 한 변의 길이
= 24 ÷ 4 = 6 (cm)
직사각형의 네 변의 길이의 합은
정사각형의 한 변의 길이의
8배이다.
직사각형의 네 변의 길이의 합
= 6 × 8 = 48 (cm)

06 (**9**)그루 난이도 중

나무 사이의 간격 수
= 56 ÷ 7
= 8 (군데)
필요한 나무의 수
= 8 + 1
= 9 (그루)

07 (**48**) 난이도 중

- 7 × ㉡ = 56
  ㉡ = 56 ÷ 7
     = 8
- ㉠ ÷ 5 = ㉡
  ㉠ ÷ 5 = 8
  ㉠ = 5 × 8
     = 40
㉠ + ㉡ = 40 + 8
       = 48

08 (**35**) 난이도 상

- ㉡ ÷ ㉠ = 6
  ㉡ = ㉠ × 6 이므로

| ㉠ | 1 | 2 | 3 | 4 | 5 | … |
| ㉡ | 6 | 12 | 18 | 24 | 30 | … |

- ㉡ − ㉠ = 25 인 경우는
  ㉠ = 5 , ㉡ = 30
  ㉠ + ㉡ = 5 + 30
         = 35

09 (4)

(1 2 3 4)가 반복되는 규칙으로 한 묶음 안의 수는 4개이다.
24 ÷ 4 = 6 이므로
24번째 수는 6번째 묶음의 마지막 수이다.
24번째 수 : 4

10 (16)m

지렁이가 56 m를 가는 데 걸린 시간
= 56 ÷ 7
= 8 (시간)
8시간 동안 달팽이가 간 거리
= 9 × 8
= 72 (m)
달팽이가 지렁이보다 앞서 있는 거리
= 72 - 56
= 16 (m)

11 (6)일

토끼 한 마리가 하루에 먹는 당근의 수
= 6 ÷ 2 = 3 (개)
토끼 3마리가 하루에 먹는 당근의 수
= 3 × 3 = 9 (개)
토끼 3마리가 당근 54개를 먹는 데 걸리는 날수
= 54 ÷ 9 = 6 (일)

12 (7)마리

타조 한 마리의 다리는 2개이므로
타조 6마리의 다리 수
= 6 × 2 = 12 (개)
돼지의 다리는
40 - 12 = 28 (개) 이고,
돼지 한 마리의 다리는 4개이므로
돼지의 수
= 28 ÷ 4 = 7 (마리)

3단원 나눗셈

13 (30)개   난이도 최상

ㄴ 식당에서 떡 56개를 만드는 데 걸린 시간
= 56 ÷ 7
= 8 (분)

ㄱ 식당에서 떡을 만든 시간
= 8 - 2
= 6 (분)

ㄱ 식당에서 6분 동안 만든 떡의 수
= 5 × 6
= 30 (개)

14 (53)분   난이도 최상

통나무를 6토막으로 자르려면
6 - 1 = 5 (번) 잘라야 하므로
통나무를 한 번 자르는 데
걸리는 시간 = 20 ÷ 5 = 4 (분)
통나무를 9토막으로 자르려면
9 - 1 = 8 (번) 자르고,
8 - 1 = 7 (번) 쉬어야 한다.
통나무를 8번 자르는 데
걸리는 시간 = 4 × 8 = 32 (분),
쉬는 시간의 합 = 3 × 7 = 21 (분)
32 + 21 = 53 (분)

STEP 3   118~125 쪽

01 (9)개

오전과 오후에 딴 사과의 수
= 32 + 13
= 45 (개)

한 상자에 담은 사과의 수
= 45 ÷ 5
= 9 (개)

02 (3)개

4봉지에 들어 있는 붕어빵의 수
= 6 × 4
= 24 (개)

친구 한 명에게 나누어 줄 수 있는 붕어빵의 수
= 24 ÷ 8
= 3 (개)

03 (8)

56 > 48 > 32 > 9 > 7
가장 큰 수 : 56
가장 작은 수 : 7
56 ÷ 7 = 8

04 (8)

어떤 수를 □라 하면
□ ÷ 4 = 6
□ = 4 × 6
   = 24

바르게 계산하면
24 ÷ 3 = 8

05 (56)cm

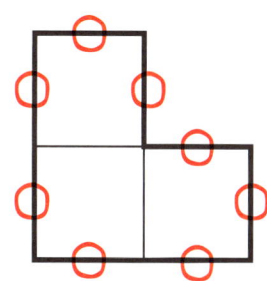

3단원 나눗셈

정사각형의 한 변의 길이
= 28 ÷ 4 = 7 (cm)
도형을 둘러싼 굵은 선의 길이는
정사각형의 한 변의 길이의
8배이다.
도형을 둘러싼 굵은 선의 길이
= 7 × 8 = 56 (cm)

06 (51)

- ㉠ ÷ 7 = 24 ÷ 3
  ㉠ ÷ 7 = 8
  ㉠ = 7 × 8 = 56
- 35 ÷ ㉡ = 56 ÷ 8
  35 ÷ ㉡ = 7
  ㉡ × 7 = 35
  ㉡ = 35 ÷ 7 = 5
  ㉠ − ㉡ = 56 − 5
       = 51

07 (18)

- ㉠ ÷ ㉡ = 4
  ㉠ = ㉡ × 4 이므로

㉠	4	8	12	16	20	24	…
㉡	1	2	3	4	5	6	…

- ㉠ + ㉡ = 30인 경우는
  ㉠ = 24, ㉡ = 6
  ㉠ − ㉡ = 24 − 6
       = 18

08 (18)그루

나무 사이의 간격 수
= 48 ÷ 6
= 8 (군데)
도로의 한쪽에 필요한 나무의 수
= 8 + 1
= 9 (그루)
도로의 양쪽에 필요한 나무의 수
= 9 × 2
= 18 (그루)

4단원 곱셈

STEP 1 128~141 쪽

01 (216)개

복숭아의 수
= 42 + 30
= 72 (개)

배의 수
= 72 × 3
= 216 (개)

02 (9)개

7상자에 담은 쿠키의 수
= 13 × 7
= 91 (개)

남은 쿠키의 수
= 100 - 91
= 9 (개)

03 (3)개

42 × 2 = 84,
11 × 8 = 88 이므로
84 < □ < 88
□ 안에 들어갈 수 있는
두 자리 수 : 85, 86, 87 → 3개

04 (128)

- 8 × 4 = 32
  ㉠ = 32
- ㉠ × 4 = ㉡
  32 × 4 = 128
  ㉡ = 128

4단원 곱셈

05 (136)개

닭의 다리 수
= 44 × 2
= 88 (개)

소의 다리 수
= 12 × 4
= 48 (개)

닭과 소의 다리 수
= 88 + 48
= 136 (개)

06 (144)m

나무 사이의 간격 수
= 7-1
= 6 (군데)

도로의 길이
= 24 × 6
= 144 (m)

07 (232)

어떤 수를 □라 하면
□ + 8 = 37
□ = 37 - 8
 = 29

바르게 계산하면
29 × 8 = 232

08 (243)

3 × 3 = 9, 9 × 3 = 27,
27 × 3 = 81 이므로
바로 앞의 수에
3을 곱하는 규칙이다.
빈칸에 알맞은 수
= 81 × 3
= 243

09 (**382**)cm

종이 7장의 길이의 합
= 76 × 7 = 532 (cm)
겹쳐진 부분의 수
= 7-1 = 6 (군데)
겹쳐진 부분의 길이의 합
= 25 × 6 = 150 (cm)
이어 붙인 종이의 전체 길이
= 532 - 150 = 382 (cm)

11 (**20**)개

초콜릿의 수를 □개라 하면
쿠키의 수는 (□×3)개,
사탕의 수는 (□×4)개이다.
(□×3) + (□×4) = 140
(□+□+□) + (□+□+□+□)
= 140
□×7 = 140
140 = 20×7 이므로
□ = 20
초콜릿의 수: 20개

10 (**384**)

㉠ × 5 = 30
㉠ = 30 ÷ 5
　 = 6
㉡ = ㉠ × 7
　 = 6 × 7
　 = 42
㉢ = ㉡ × 8
　 = 42 × 8
　 = 336
㉠ + ㉡ + ㉢ = 6 + 42 + 336
　　　　　　 = 384

4단원 곱셈

12 (52)점 난이도 상

민주는 12번 이기고,
20 - 12 = 8(번) 졌다.
민주가 얻은 점수
= 12 × 7
= 84 (점)
민주가 잃은 점수
= 8 × 4
= 32 (점)
민주의 점수
= 84 - 32
= 52 (점)

14 (117)분 난이도 최상

나무 사이의 간격 수
= 63 ÷ 9 = 7(군데)
심을 나무의 수 = 7 + 1 = 8(그루)
나무 8그루를 심는 데 걸리는 시간
= 8 × 12 = 96(분)
마지막 나무를 심은 후 쉬는 시간은
필요 없으므로 8 - 1 = 7(번) 쉰다.
쉬는 시간의 합
= 7 × 3 = 21(분)
나무를 모두 심는 데 걸리는 시간
= 96 + 21 = 117(분)

13 (343)명 난이도 최상

8명씩 앉아 있는 의자의 수
= 43 - 1
= 42(개)
8명씩 앉아 있는 학생 수
= 42 × 8
= 336 (명)
전체 학생 수
= 336 + 7
= 343 (명)

STEP 2
142~155 쪽

01 (41)개

3상자에 들어 있는 사탕의 수
= 53 × 3
= 159 (개)

더 필요한 사탕의 수
= 200 - 159
= 41 (개)

02 (87)쪽

두 사람이 매일 읽은 교과서 쪽 수
= 14 + 15
= 29 (쪽)

두 사람이 3일 동안 읽은 교과서 쪽 수
= 29 × 3
= 87 (쪽)

03 (648)개

전체 학생 수
= 18 × 4
= 72 (명)

필요한 초콜릿의 수
= 72 × 9
= 648 (개)

04 (8)개

전체 학생 수
= 13 × 6
= 78 (명)

전체 우유의 수
= 10 × 7
= 70 (개)

모자라는 우유의 수
= 78 - 70
= 8 (개)

4단원 곱셈

05 (**269**)개

두발자전거의 바퀴 수
= 67 × 2
= 134 (개)
세발자전거의 바퀴 수
= 45 × 3
= 135 (개)
두발자전거와 세발자전거의 바퀴 수
= 134 + 135
= 269 (개)

06 (**248**)m

도로의 한쪽에 심은 나무의 수
= 18 ÷ 2
= 9 (그루)
나무 사이의 간격 수
= 9 - 1
= 8 (군데)
도로의 길이
= 31 × 8
= 248 (m)

07 (387)

어떤 수를 □라 하면

□ - 9 = 34

□ = 34 + 9

= 43

바르게 계산하면

43 × 9 = 387

08 (192)

12×2=24, 24×2=48,

48×2=96이므로

바로 앞의 수에

2를 곱하는 규칙이다.

빈칸에 알맞은 수

= 96 × 2

= 192

09 (379)cm

종이 8장의 길이의 합

= 64 × 8 = 512 (cm)

겹쳐진 부분의 수

= 8 - 1 = 7 (군데)

겹쳐진 부분의 길이의 합

= 19 × 7 = 133 (cm)

이어 붙인 종이의 전체 길이

= 512 - 133 = 379 (cm)

4단원 곱셈

10 (**343**) 난이도 상

㉠ × 5 = 35
㉠ = 35 ÷ 5
　 = 7
㉡ = ㉠ × 6
　 = 7 × 6
　 = 42
㉢ = ㉡ × 7
　 = 42 × 7
　 = 294
㉠ + ㉡ + ㉢ = 7 + 42 + 294
　　　　　　 = 343

11 (**30**)개 난이도 상

고구마의 수를 □개라 하면
호박의 수는 (□×2)개,
감자의 수는 (□×5)개이다.
(□×2) + (□×5) = 210
(□+□)+(□+□+□+□+□)
= 210
□×7 = 210
210 = 30×7 이므로
□ = 30
고구마의 수 : 30개

12 (**85**)점

은서는 25-5 = 20(번) 이기고,
5번 졌다.
은서가 얻은 점수
= 20 × 5
= 100(점)
은서가 잃은 점수
= 5 × 3
= 15(점)
은서의 점수
= 100 - 15
= 85(점)

13 (**244**)명

7명씩 앉아 있는 의자의 수
= 35 - 1
= 34(개)
7명씩 앉아 있는 학생 수
= 34 × 7
= 238(명)
전체 학생 수
= 238 + 6
= 244(명)

4단원 곱셈

14 (139)분

나무 사이의 간격 수
= 56 ÷ 7 = 8 (군데)

심을 나무의 수 = 8 + 1 = 9 (그루)

나무 9그루를 심는 데 걸리는 시간
= 9 × 11 = 99 (분)

마지막 나무를 심은 후 쉬는 시간은
필요 없으므로 9 - 1 = 8 (번) 쉰다.

쉬는 시간의 합
= 8 × 5 = 40 (분)

나무를 모두 심는 데 걸리는 시간
= 99 + 40 = 139 (분)

STEP 3 156~163 쪽

01 (120)개

남은 상자의 수
= 8 - 3
= 5 (상자)

남은 사과의 수
= 24 × 5
= 120 (개)

02 (70)

23 × 3 = 69 이므로
69 < □

□ 안에 들어갈 수 있는
두 자리 수 중 가장 작은 수:
70

03 (159)cm

자의 길이의 4배
= 35 × 4
= 140 (cm)
색 테이프의 길이
= 140 + 19
= 159 (cm)

04 (392)

ⓒ × 6 = 42
ⓒ = 42 ÷ 6
　= 7
㉠ = ⓒ × 8
　= 7 × 8
　= 56
㉠ × ⓒ = 56 × 7
　　　= 392

05 (96)cm

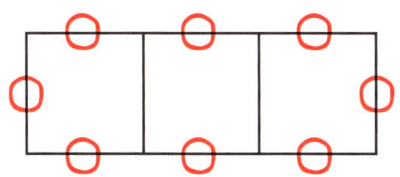

직사각형의 네 변의 길이의 합은
정사각형의 한 변의 길이의
8배이다.
직사각형의 네 변의 길이의 합
= 12 × 8
= 96 (cm)

4단원 곱셈

06 (**315**)번

5월 23일 금요일부터
7월 6일까지 금요일은
5월 23일, 5월 30일,
6월 6일, 6월 13일,
6월 20일, 6월 27일,
7월 4일로 모두 7번이다.
채호가 하게 될 줄넘기 횟수
= 45 × 7
= 315 (번)

07 (**230**)cm

색 테이프 7장의 길이의 합
= 38 × 7 = 266 (cm)
겹쳐진 부분의 수
= 7 − 1 = 6 (군데)
겹쳐진 부분의 길이의 합
= 6 × 6 = 36 (cm)
이어 붙인 색 테이프의 전체 길이
= 266 − 36 = 230 (cm)

08 (**6**)

같은 두 수의 곱의 일의 자리
수가 6인 경우는
4×4=16, 6×6=36 이므로
1) △ = 4인 경우
    44 × 4 = 176
2) △ = 6인 경우
    66 × 6 = 396
△에 알맞은 수 : 6

5단원 길이와 시간

STEP 1　166~179 쪽

01 (10)시 (6)분 (10)초　난이도 하

민수가 숙제를 끝낸 시각
= 7시 50분 30초 + 2시간 15분 40초
= 10시 6분 10초

02 (32)km (300)m　난이도 하

9700m = 9km 700m

가희가 걸은 거리
= 10km 600m + 12km
　+ 9km 700m
= 32km 300m

03 (3)km (500)m　난이도 하

집에서 약국까지 가려면
적어도 오른쪽으로 3칸
위쪽으로 2칸 가야 한다.
(800m + 800m + 800m)
+ (550m + 550m)
= 3500m
= 3km 500m

04 (3)시 (39)분 (54)초　난이도 중

97분 25초 = 1시간 37분 25초
공부를 끝낸 시각 : 5시 17분 19초
공부를 시작한 시각
= 5시 17분 19초 - 1시간 37분 25초
= 3시 39분 54초

5단원 길이와 시간

05 (18)cm (2)mm

9분 동안 타들어 간 양초의 길이
= 5 × 9
= 45 (mm)
= 4cm 5mm

처음 양초의 길이
= 13cm 7mm + 4cm 5mm
= 18cm 2mm

07 (19)cm (4)mm

116mm = 11cm 6mm

짧은 종이의 길이
= 11cm 6mm - 3cm 8mm
= 7cm 8mm

두 종이의 길이의 합
= 11cm 6mm + 7cm 8mm
= 19cm 4mm

06 오전 (10)시 (42)분 (48)초

일주일은 7일이므로

7일 동안 이 시계가 빨라지는 시간
= 24 × 7
= 168 (초)
= 2분 48초

7일 후 오전 10시 40분에 이 시계가 가리키는 시각
= 오전 10시 40분 + 2분 48초
= 오전 10시 42분 48초

08 (**800**)m

인수가 달린 거리
= 2km + 300m
= 2km 300m

예서가 달린 거리
= 500m + 500m + 500m
= 1500m
= 1km 500m

두 사람이 달린 거리의 차
= 2km 300m - 1km 500m
= 800m

09 (**37**)km (**200**)m

기차가 간 시간
= 9시 - 8시 30분
= 30분

30 = 15 + 15 이므로

기차가 간 거리
= 18km 600m + 18km 600m
= 37km 200m

10 (**4**)시 (**37**)분 (**11**)초

어제 독서를 한 시간
= 3시 30분 43초 - 2시 53분 45초
= 36분 58초

오늘 독서를 한 시간
= 1시간 27분 39초 - 36분 58초
= 50분 41초

오늘 독서를 끝낸 시각
= 3시 46분 30초 + 50분 41초
= 4시 37분 11초

5단원 길이와 시간

11 (5)cm (5)mm 난이도 상

짧은 종이의 길이를 □라 하면
긴 종이의 길이는
(□ + 4cm 8mm)이다.
□+(□+4cm 8mm)=15cm 8mm
□ + □ = 15cm 8mm − 4cm 8mm
         = 11cm
11cm = 5cm 5mm + 5cm 5mm 이므로
□ = 5cm 5mm
짧은 종이의 길이: 5cm 5mm

12 (1)시간 (42)분 (34)초 난이도 상

총 기록
= 11시 47분 28초 − 8시
= 3시간 47분 28초
달리기 기록
= 3시간 47분 28초 − 54분 18초
  − 1시간 10분 36초
= 2시간 53분 10초 − 1시간 10분 36초
= 1시간 42분 34초

13 오후 (1)시 (48)분 (45)초 난이도 최상

학교에서 출발하여 서점을 지나
지하철역까지 가는 데 걸리는 시간
= 29분 57초 + 56분 18초
= 1시간 26분 15초
학교에서 출발해야 하는 시각
= 오후 3시 15분 − 1시간 26분 15초
= 오후 1시 48분 45초

14 (5)분 (15)초 난이도 최상

오전 9시부터 오후 6시까지는
9시간이므로
9시간 동안 ㉠시계가 빨라지는 시간
= 20 × 9 = 180 (초) = 3분
9시간 동안 ㉡시계가 늦어지는 시간
= 15 × 9 = 135 (초) = 2분 15초
두 시계가 가리키는 시각의 차
= 3분 + 2분 15초 = 5분 15초

STEP 2   180~193 쪽

01 (8)시 (47)분 (48)초 난이도 하

수호가 버스를 탄 시각
= 11시 3분 28초 - 2시간 15분 40초
= 8시 47분 48초

02 (26)cm 난이도 하

2cm 6mm = 26mm
긴 변의 길이
= 26 × 4
= 104 (mm)
= 10cm 4mm
필요한 철사의 길이
= 2cm 6mm + 10cm 4mm
 + 2cm 6mm + 10cm 4mm
= 26cm

5단원 길이와 시간

03 (**4**)km (**50**)m 난이도 하

집에서 우체국까지 가려면
적어도 오른쪽으로 3칸,
위쪽으로 3칸을 가야 한다.
(850m+850m+850m)
+(500m+500m+500m)
= 4050 m
= 4 km 50 m

04 (**1**)시 (**49**)분 (**32**)초 난이도 중

106분 10초 = 1시간 46분 10초
청소를 끝낸 시각:
3시 35분 42초
청소를 시작한 시각
= 3시 35분 42초 - 1시간 46분 10초
= 1시 49분 32초

05 (**16**)cm (**3**)mm 난이도 중

1분에 타들어 가는 양초의 길이
= 15÷3
= 5 (mm)
7분 동안 타들어 간 양초의 길이
= 5×7
= 35 (mm)
= 3 cm 5 mm
처음 양초의 길이
= 12cm 8mm + 3cm 5mm
= 16 cm 3mm

06 오후 (**2**)시 (**57**)분 (**55**)초 난이도 중

5일 동안 이 시계가 늦어지는 시간
= 25×5
= 125 (초)
= 2분 5초
5일 후 오후 3시에
이 시계가 가리키는 시각
= 오후 3시 - 2분 5초
= 오후 2시 57분 55초

07 (17)cm (7)mm

102 mm = 10 cm 2 mm
짧은 종이의 길이
= 10 cm 2 mm - 2 cm 7 mm
= 7 cm 5 mm
두 종이의 길이의 합
= 10 cm 2 mm + 7 cm 5 mm
= 17 cm 7 mm

08 (900)m

태오가 달린 거리
= 2 km - 100 m
= 1 km 900 m
진우가 달린 거리
= 700 m + 700 m + 700 m + 700 m
= 2800 m
= 2 km 800 m
두 사람이 달린 거리의 차
= 2 km 800 m - 1 km 900 m
= 900 m

09 (40)km (200)m

기차가 간 시간
= 2시 10분 - 1시 40분
= 30분
30 = 10 + 10 + 10 이므로
기차가 간 거리
= 13 km 400 m + 13 km 400 m
　+ 13 km 400 m
= 40 km 200 m

10 (7)시 (18)분 (29)초

어제 게임을 한 시간
= 6시 15분 29초 - 4시 30분 40초
= 1시간 44분 49초
오늘 게임을 한 시간
= 3시간 17분 28초 - 1시간 44분 49초
= 1시간 32분 39초
오늘 게임을 끝낸 시각
= 5시 45분 50초 + 1시간 32분 39초
= 7시 18분 29초

5단원 길이와 시간

11 (9)cm (5)mm

긴 종이의 길이를 □라 하면
짧은 종이의 길이는
(□ - 5cm 4mm)이다.
□ + (□ - 5cm 4mm) = 13cm 6mm
□ + □ = 13cm 6mm + 5cm 4mm
     = 19cm
19cm = 9cm 5mm + 9cm 5mm 이므로
□ = 9cm 5mm
긴 종이의 길이: 9cm 5mm

12 (54)분 (18)초

총 기록
= 11시 16분 33초 - 8시
= 3시간 16분 33초
수영 기록
= 3시간 16분 33초 - 1시간 14분 50초
  - 1시간 7분 25초
= 2시간 1분 43초 - 1시간 7분 25초
= 54분 18초

13 오전 (7)시 (53)분 (56)초

집에서 출발하여 도서관을 지나
학교까지 가는 데 걸리는 시간
= 38분 45초 + 47분 19초
= 1시간 26분 4초
집에서 출발해야 하는 시각
= 오전 9시 20분 - 1시간 26분 4초
= 오전 7시 53분 56초

14 (7)분 (20)초

오전 8시부터 오후 4시까지는
8시간이므로
8시간 동안 ㉠시계가 빨라지는 시간
= 25 × 8 = 200 (초) = 3분 20초
8시간 동안 ㉡시계가 늦어지는 시간
= 30 × 8 = 240 (초) = 4분
두 시계가 가리키는 시각의 차
= 3분 20초 + 4분 = 7분 20초

STEP 3   194~201 쪽

01 (3)시간 (5)분

태주가 축구와 농구를 한 시간
= 1시간 25분 + 1시간 40분
= 3시간 5분

02 (1)시간 (38)분 (20)초

시작한 시각 : 2시 30분 45초
끝낸 시각 : 4시 9분 5초
혜지가 피아노 연습을 하는 데 걸린 시간
= 4시 9분 5초 - 2시 30분 45초
= 1시간 38분 20초

03 (11)시 (2)분 (6)초

도희가 등산을 하는 데 걸린 시간
= 1시간 50분 39초 + 1시간 25분 55초
= 3시간 16분 34초
도희가 내려왔을 때의 시각
= 7시 45분 32초 + 3시간 16분 34초
= 11시 2분 6초

04 (13)cm (6)mm

14 mm = 1 cm 4 mm
종이 2장의 길이의 합
= 7 cm 5 mm + 7 cm 5 mm
= 15 cm
이어 붙인 종이의 전체의 길이
= 15 cm - 1 cm 4 mm
= 13 cm 6 mm

05 (17)cm (7)mm

30 = 10 + 10 + 10 이므로
30분 동안 타들어 간 양초의 길이
= 16 × 3
= 48 (mm)
= 4 cm 8 mm
처음 양초의 길이
= 12 cm 9 mm + 4 cm 8 mm
= 17 cm 7 mm

5단원 길이와 시간

06 (9)시 (37)분 (50)초 난이도 상

초바늘이 시계를 한 바퀴 도는 데 걸리는 시간
= 1분
초바늘이 시계를 20바퀴 도는 동안 지난 시간
= 20분
태희가 줄넘기를 끝낸 시각
= 9시 17분 50초 + 20분
= 9시 37분 50초

07 (2)시간 (15)분 (30)초 난이도 상

하루는 24시간이므로
밤의 길이는
= 24시간 - 10시간 52분 15초
= 13시간 7분 45초이다.

밤의 길이는 낮의 길이보다
13시간 7분 45초 - 10시간 52분 15초
= 2시간 15분 30초 더 길었다.

08 (2)분 (25)초 난이도 최상

1층부터 4층까지는 3개의 층을 올라간 것이므로
한 개의 층을 올라가는 데 걸리는 시간
= 15 ÷ 3 = 5 (초)
1층부터 30층까지는 29개의 층을 올라간 것이므로
29개의 층을 올라가는 데 걸리는 시간
= 29 × 5 = 145 (초)
= 2분 25초

6단원 분수와 소수

STEP 1 204~217 쪽

01 (4.7)cm

어제와 오늘 내린 눈의 양
= 28 + 19
= 47 (mm)
= 4.7 cm

02 (2)개

$\frac{1}{5}$보다 큰 단위분수 :
$\frac{1}{2}, \frac{1}{3}, \frac{1}{4}, \cdots, \frac{1}{7}$
이 중에서 $\frac{1}{5}$보다 작은 분수:
$\frac{1}{6}, \frac{1}{7}$ → 2개

03 (3)개

0.1이 35개인 수 : 3.5
3과 0.9만큼인 수 : 3.9
3.5보다 크고 3.9보다 작은
口.△ 형태의 소수 :
3.6, 3.7, 3.8 → 3개

04 (5)개

1) ロ가 9인 경우 :
    9.4 → 1개
2) ロ가 7인 경우 :
    7.4, 7.9 → 2개
3) ロ가 4인 경우 :
    4.7, 4.9 → 2개
1 + 2 + 2 = 5 (개)

05 (6.9)cm

6cm 9mm = 69mm,
7cm 8mm = 78mm
69 < 76 < 78
가장 짧은 변의 길이 :
69mm = 6.9cm

6단원 분수와 소수

06 (2)개 난이도 중

- $\frac{4}{9} < \frac{\square}{9}$

  $4 < \square$ 이므로

  □ 안에 들어갈 수 있는 수:

  5, 6, 7, 8, 9

- $\frac{1}{\square} < \frac{1}{7}$

  $\square > 7$ 이므로

  □ 안에 들어갈 수 있는 수:

  8, 9

□ 안에 공통으로 들어갈 수 있는 수:

8, 9 → 2개

07 (1)시간 (44)분 난이도 중

$\frac{4}{6}$ 는 $\frac{1}{6}$ 이 4개이므로

바닥 전체의 $\frac{4}{6}$ 만큼을 칠하는 데

걸리는 시간

$= 26 \times 4$

$= 104$ (분)

$= 1$시간 44분

08 ($\frac{1}{10}$) 난이도 상

분모가 같은 분수끼리 비교하면

$\frac{1}{7} < \frac{3}{7} < \frac{6}{7}$ 이고,

단위분수끼리 비교하면

$\frac{1}{10} < \frac{1}{8} < \frac{1}{7}$ 이다.

$\frac{1}{10} < \frac{1}{8} < \frac{1}{7} < \frac{3}{7} < \frac{6}{7}$

가장 작은 분수: $\frac{1}{10}$

09 (2.9) 난이도 상

$2 < 3 < 5 < 9$

만들 수 있는 소수 중에서

가장 작은 수: 2.3

두 번째로 작은 수: 2.5

세 번째로 작은 수: 2.9

10 (35)m 난이도 상

남은 종이는 전체를 똑같이
7로 나눈 것 중의 7-6=1이므로
전체의 $\frac{1}{7}$이다.
전체 종이는 $\frac{1}{7}$이 7개이므로
전체 종이의 길이
= 5×7
= 35 (m)

11 (3)배 난이도 상

남은 밀가루는 전체를 똑같이
16으로 나눈 것 중의
16-4=12 이므로
전체의 $\frac{12}{16}$이다.
$\frac{4}{16}$는 $\frac{1}{16}$이 4개,
$\frac{12}{16}$는 $\frac{1}{16}$이 12개이므로
남은 밀가루는 사용한 밀가루의
12÷4=3(배)이다.

12 (0.3) 난이도 상

시유가 먹은 멜론은 전체의
0.3 = $\frac{3}{10}$ 이다.
남은 멜론은 전체를 똑같이
10으로 나눈 것 중의
10-3-4=3이므로
전체의 $\frac{3}{10}$ = 0.3 이다.

13 ($\frac{19}{24}$) 난이도 최상

분자는 1부터 1씩 커지므로
□번째 분수의 분자는 □이고,
분모는 분자보다 5만큼 더 크므로
□번째 분수의 분모는 (□+5)이다.
19번째 놓이는 분수
= $\frac{19}{19+5}$
= $\frac{19}{24}$

6단원 분수와 소수

14 (**27**)분 난이도 최상

남은 거리는 전체를 똑같이
13으로 나눈 것 중의 13-4=9이므로
전체의 $\frac{9}{13}$이다.
$\frac{4}{13}$는 $\frac{1}{13}$이 4개이므로
마을의 $\frac{1}{13}$만큼 도는 데
걸리는 시간
=12÷4=3(분)
$\frac{9}{13}$는 $\frac{1}{13}$이 9개이므로
마을의 $\frac{9}{13}$만큼 도는 데
걸리는 시간
= 3×9 = 27(분)

STEP 2   218~231 쪽

01 (**9.2**)cm 난이도 하

정사각형의 네 변의 길이의 합
= 23 × 4
= 92 (mm)
= 9.2 cm

02 (**4**)개 난이도 하

분자가 1이고, 분모가 1보다 큰
분수이므로 단위분수이다.
$\frac{1}{6}$보다 큰 단위분수 :
$\frac{1}{2}$, $\frac{1}{3}$, $\frac{1}{4}$, $\frac{1}{5}$ → 4개

03 (**3**)개 난이도 하

0.1이 6개인 수 : 0.6
$\frac{2}{10}$ = 0.2
0.2보다 크고 0.6보다 작은
□.△ 형태의 소수 :
0.3, 0.4, 0.5 → 3개

04 (3)개

1) ☐가 3인 경우 :
   3.7 → 1개
2) ☐가 7인 경우 :
   7.1, 7.3 → 2개

1 + 2 = 3 (개)

05 (7.2)cm

6 cm 4 mm = 64 mm,
7 cm 2 mm = 72 mm
72 > 65 > 64 > 63
가장 긴 변의 길이 :
72 mm = 7.2 cm

06 (2)개

- 6.8 > ☐.9
  6 > ☐ 이므로
  ☐ 안에 들어갈 수 있는 수 :
  2, 3, 4, 5

- $\frac{1}{☐} < \frac{1}{3}$
  ☐ > 3 이므로
  ☐ 안에 들어갈 수 있는 수 :
  4, 5, 6, 7, 8, 9

☐ 안에 공통으로 들어갈 수 있는 수 :
4, 5 → 2개

07 (1)시간 (45)분

$\frac{7}{5}$은 $\frac{1}{5}$이 7개이므로
도화지 전체의 $\frac{7}{5}$만큼을 칠하는 데
걸리는 시간
= 15 × 7
= 105 (분)
= 1시간 45분

6단원 분수와 소수

08 ($\frac{7}{9}$) 난이도 상

분모가 같은 분수끼리 비교하면
$\frac{7}{9} > \frac{4}{9} > \frac{1}{9}$ 이고,
단위분수끼리 비교하면
$\frac{1}{9} > \frac{1}{10} > \frac{1}{11}$ 이다.
$\frac{7}{9} > \frac{4}{9} > \frac{1}{9} > \frac{1}{10} > \frac{1}{11}$
가장 큰 분수 : $\frac{7}{9}$

09 (4.7) 난이도 상

7 > 4 > 3 > 1
만들 수 있는 소수 중에서
가장 큰 수 : 7.4
두 번째로 큰 수 : 7.3
세 번째로 큰 수 : 7.1
네 번째로 큰 수 : 4.7

10 (35)m 난이도 상

남은 종이는 전체를 똑같이
5로 나눈 것 중의 5-4=1
이므로 전체의 $\frac{1}{5}$이다.
전체 종이는 $\frac{1}{5}$이 5개이므로
전체 종이의 길이
= 7 × 5
= 35 (m)

11 (4)배 난이도 상

남은 설탕은 전체를 똑같이
15로 나눈 것 중의 15-3=12
이므로 전체의 $\frac{12}{15}$이다.
$\frac{3}{15}$은 $\frac{1}{15}$이 3개,
$\frac{12}{15}$는 $\frac{1}{15}$이 12개이므로
남은 설탕은 사용한 설탕의
12 ÷ 3 = 4 (배)이다.

12 (0.5) 난이도 상

선하가 먹은 케이크는 전체의
$0.2 = \frac{2}{10}$ 이다.
남은 케이크는 전체를 똑같이
10으로 나눈 것 중의
$10 - 3 - 2 = 5$ 이므로
전체의 $\frac{5}{10} = 0.5$ 이다.

13 ($\frac{19}{23}$) 난이도 최상

분자는 2부터 1씩 커지므로
□번째 분수의 분자는 (□+1)이고,
분모는 분자보다 4만큼 더 크므로
□번째 분수의 분모는 (□+5)이다.
18번째 놓이는 분수
$= \frac{18+1}{18+5}$
$= \frac{19}{23}$

14 (40)분 난이도 최상

남은 거리는 전체를 똑같이
11로 나눈 것 중의 $11 - 3 = 8$
이므로 전체의 $\frac{8}{11}$ 이다.
$\frac{3}{11}$ 은 $\frac{1}{11}$ 이 3개이므로
동물원의 $\frac{1}{11}$ 만큼 도는 데
걸리는 시간
$= 15 \div 3 = 5$(분)
$\frac{8}{11}$ 은 $\frac{1}{11}$ 이 8개이므로
동물원의 $\frac{8}{11}$ 만큼 도는 데
걸리는 시간
$= 5 \times 8 = 40$(분)

6단원 분수와 소수

STEP 3　232~239 쪽

01 ($\frac{1}{7}$)　난이도 하

만들 수 있는 단위분수:

$\frac{1}{5}, \frac{1}{7}, \frac{1}{2}$

$\frac{1}{7} < \frac{1}{5} < \frac{1}{2}$

만들 수 있는 가장 작은 단위분수:

$\frac{1}{7}$

02 (4)개　난이도 중

$\frac{3}{10} = 0.3$

0.1이 8개인 수: 0.8

0.3 < 0.□ < 0.8

3 < □ < 8 이므로

□ 안에 들어갈 수 있는 수:

4, 5, 6, 7 → 4개

03 (5.8)cm　난이도 중

25cm = 250mm

사용한 끈의 길이

= 32 × 6

= 192 (mm)

남은 끈의 길이

= 250 - 192

= 58 (mm)

= 5.8 cm

04 ($\frac{7}{13}$)　난이도 중

남은 초콜릿은 전체를 똑같이

13으로 나눈 것 중의

13-3-3=7 이므로

전체의 $\frac{7}{13}$ 이다.

05 (5)개 — 난이도 상

1과 0.2만큼인 수 : 1.2

0.1이 18개인 수 : 1.8

1.2보다 크고 1.8보다 작은

□.△ 형태의 소수 :

1.3, 1.4, 1.5, 1.6, 1.7 → 5개

06 (2)개 — 난이도 상

- $\frac{5}{9} > \frac{\square}{9} > \frac{1}{9}$

5 < □ < 9 이므로

□ 안에 들어갈 수 있는 수 :

6, 7, 8

- 4.7 < □.7 < 8.7

4 < □ < 8 이므로

□ 안에 들어갈 수 있는 수 :

5, 6, 7

□ 안에 공통으로 들어갈 수 있는 수 :

6, 7 → 2개

07 (1)시간 (12)분 — 난이도 상

$\frac{6}{5}$은 $\frac{1}{5}$이 6개이므로

멜론 한 통의 $\frac{6}{5}$만큼을 먹는 데

걸리는 시간

= 12 × 6

= 72 (분)

= 1시간 12분

08 ($\frac{1}{10}$) — 난이도 최상

아침에 먹고 남은 수박은

10 - 4 = 6(조각)이고,

아침에 먹고 남은 수박의 $\frac{5}{6}$만큼은

남은 수박 6조각을 똑같이

6으로 나눈 것 중의 5이므로

저녁에 먹은 수박은 5조각이다.

남은 수박은 전체를 똑같이

10으로 나눈 것 중의 10 - 4 - 5 = 1

이므로 전체의 $\frac{1}{10}$이다.